中华优秀传统文化原典导读

于钟华 编著

齊魯書社

图书在版编目（CIP）数据

中华优秀传统文化原典导读 / 于钟华编著. -- 济南：齐鲁书社，2018.9（2022.8重印）
ISBN 978-7-5333-4028-5

Ⅰ.①中… Ⅱ.①于… Ⅲ.①中华文化—通俗读物 Ⅳ.①K203-49

中国版本图书馆CIP数据核字(2018)第208324号

中华优秀传统文化原典导读

ZHONGHUA YOUXIU CHUANTONGWENHUA YUANDIAN DAODU

于钟华 编著

主管单位	山东出版传媒股份有限公司
出版发行	齊魯書社
社　　址	济南市市中区舜耕路 517 号
邮　　编	250003
网　　址	www.qlss.com.cn
电子邮箱	qilupress@126.com
营销中心	（0531）82098521　82098519
印　　刷	日照日报印务中心
开　　本	710mm × 1000mm　1/16
印　　张	12.25
字　　数	138千
版　　次	2018年9月第1版
印　　次	2022年8月第5次印刷
标准书号	ISBN 978-7-5333-4028-5
定　　价	28.00元

前　言

一、何为中国传统文化?

当今中国社会中有一个突出的问题就是基本上什么东西都有一个东方的和西方的区别。比如，医学方面的中医和西医之分，饭食方面的中餐和西餐，服装方面的唐装和西装，包括住宅也是一样，当然还有绘画上的东西方的差异，等等，这一切的区分概括起来就是东西方文化的差异。如果稍加留意，静下来想一想，在其他国家会不会有这样的情况?应该没有。在古代中国会不会有这样的情况？也不会。为什么会有今天这种情况的发生呢?

原因即在于中国一百多年间发生了巨大的变化，这一变化集中体现在西方文化的入侵和被迫接受；另一方面也是最为深层次的原因则是作为东方代表的中国文化具有自身的独特性，而且这一独特性具有强大的生命力。文化本身是有着清晰的地域性的，每个地域都有基于其自身所处地理位置和地形地貌所形成的独特文化理念和形态，但是近代以来，在西方强势文化的攻势下纷纷倒下、消亡而最终被同化，以至于除中国以外的整个世界的文化都变成了同一类型，叫作西方文化。

当然，今天之所以称作“中国传统文化”，也意味着中国固有的文化也受到了极大的冲击，重提中国传统文化即意味着接续和传承，当然，接续和传承本身即中国文化的独特性之所在。那么，到底什么是中国传统文化呢？先说什么是中国。

二、何为中国?

今天，说起中国，大家会想当然地认为和美国、英国、印度、日本等一样不过都是一个国家的名称而已，一个代号罢了，甚至对于其他国家，我们自称的“中国”在他们那里还会变成别的什么，比如西方世界普遍称呼我们为“China”，原意即瓷器，这是因为中国盛产瓷器，还因为我们盛产丝绸而被称为“Serica”，意思是丝国，等等。但是就中国人而言，历史上不管经过了夏商周，还是秦汉，抑或唐宋元明清等朝代，大家公认的名字就一个：中国。这个中国，其实不仅仅是一个国家的名字，如果仅仅是一个名字，可以是大清国，可以是大明朝等，但始终不变的是中国，为什么呢？因为中国是代表着这个国度数千年不变的那个东西，这个东西就是“中”。中，乃中国最为内在的本质特点。那么，什么是“中”呢？

目前所见“中”字的最早原始字形是“”。“中”在古代“义至广阔而重要”，最初指测影的表，引申为空间、时间之中。于是，“中”就有了中心、中间、正中的意思。这样建立的国家自然称作中国，居于天下之中之意。

可以说，“中”乃一个国家建立的依据，相当于今天所言之“核心技术”，同时也是后世的“传国玉玺”，是作为王的凭据。所以，才有了《清华简·保训篇》中尧舜相授“中”，以及文王向武王授“中”的记载。“中”既有实际所在的典章制度和礼仪制度，也即后世所谓的“道问学”，同时又引申出具有哲学意味的中庸、中正、中和之意，也即“尊德性”。

中庸是具有哲学方法论意义的，在这个意义上，所谓的中国其实就是“用中”之国，也就是秉持中庸思想之国。同样，所谓的中国人就是依中庸思想而行事之人。再说传统。

三、何为传统?

先说“传”字。“传”其实就是一个人接着一个人转述真理，也就是孔子所讲的“述”。《论语·述而》：“子曰：‘述而不作，信而好古，窃比于我老彭。’”立于中华文化源头的孔子对待古代优秀文化的态度是主张传承的、相信而且喜好古代的东西的，这就形成了中华民族文化的一大特色，即注重传承。

“统”是什么呢?统是绞丝旁，一看便知和“丝”有关联，所谓“统”，说白了就是一根绳子，只不过这不是一根普通的绳子，“统”是那个一以贯之的东西，世间万物贯穿的那根线叫作“统”，这个“统”所代表的乃“统天”之经，也就是“道”，终极真理。正因为如此，所以“统”又引申为“本”，如果将世间万事万物比作一棵大树的话，根本起作用的、起根本作用的当然是“本”了，可见“统”的重要性。这里所讲的仅仅是“统”的名词意义。“统”还是动词，意思是一以贯之，也就是《公羊传》所言“大一统也”。

所以，这样看起来“传统”的意思在于“道”的代代传递，绵延不绝，最终形成一根粗重的线索，成为文化发展中的主流，也成为中华民族文化的特色。这一特色既在于“道”的传承不断，也在于传承不断而形成的线索。简言之，重视“传统”本身即中华民族文化的特点。最后说文化。

四、何为文化?

“文化”是中国语言系统中古已有之的词汇。先看“文”，所谓文，本义是指世间万事万物所具有的纹路、纹理（文是本字，纹是后起之字），是一事物之为一事物的本质显现，“理”是内在依据，“文”是外在显现。人类在认识世界、和万物打交道的过程中逐渐认识到事物之“文”对认识事物、安顿事物的重要作用，于是将其“文”描绘记录下来，这就是今天所讲的文字。

由此可见，“文”乃是世间万物向人类的自行显现，而“文字”则是人类对此显现出来的现象的记录，从此以后，世间万物之秘便被揭开，这就是《淮南子·本经训》“昔者苍颉作书，而天雨粟、鬼夜哭”的原因所在。文的出现，照亮世间万物，使得万物成其为自身，人类依此和万物打交道从而完成为保证人自身生产生活的物质生产，这就是文明。

“化”，本义为改易、生成、造化，如《庄子·逍遥游》“化而为鸟，其名为鹏”，《周易·系辞下》“男女构精，万物化生”，《黄帝内经·素问》“化不可代，时不可违”，《礼记·中庸》“可以赞天地之化育”等，皆是此意。将以上这些意思归纳起来大意应该是说，“化”是指事物形态或性质的改变，同时又引申为教行迁善之义。

“文”“化”并用，最早见之于《周易》：“观乎天文，以察时变；观乎人文，以化成天下。”意思是：通过观察天象，来了解时序的变化；通过观察人类世界，用“文”教育感化来使人成为人。人类在以文化成天下的过程中，会逐渐触及生活中人与人之间纵横交织的关系，如君臣、父子、夫妇、兄弟、朋友，构成复杂网络，具有纹理表象，并将之形成秩序并安顿之。而在安顿的过程中，也就有了各种各样的方式，或诗或书，或乐或画，这就有了文化的各种形态，也即文学、艺术等。文学、艺术等是“文”的现象显现，其功能亦在于“以文教化”。

文化的内核乃世间万事万物的本身，也就是“道”，以文字为主体的方式显现为各种各样的文化艺术门类，其目的在于照亮世界“成物”

的同时，也“以文化人”而“成己”，这才是文化的本来意义。

通过以上诸概念的解析，我们大体明白中国传统文化是以“道”之显现为核心的终极真理的传承，并在一代一代的传递过程中形成一个源源不断的“传统”，在传统延续的过程中“以文化人”“化成天下”，使人得以称之为人。

五、本书编写原则

文以载道。中华文明五千年的优秀传统文化之所以历经劫难仍能承续有代、薪火相传，核心典籍功不可没。这些典籍中蕴含的深邃睿智的思想影响了一代又一代人，也给我们打上了同一个烙印——中国人。不管我们身处何方、从事何种职业，研习经典都是不可或缺的，对于今日在校的学生来说，尤其如此。

在本书中，我们依循古人“经史子集”的分类方法，精心择选了每个大类中最具代表性的著作，如：经部——《诗经》《尚书》《礼记》《春秋》《论语》《左传》《孟子》等，史部——《史记》《汉书》《国语》《战国策》等，子部——《老子》《庄子》《荀子》《墨子》《韩非子》《孙子兵法》《世说新语》等，集部——《文心雕龙》等，以及中华优秀传统文化土壤孕育而出的中国艺术的相关典籍：关于书法的《九势》，关于绘画的《画山水序》，关于古琴的《琴赋》等。由这些著作中，又节选出最能体现此书思想内涵的篇章，以导读、原文、注释、译文的方式予以呈现，使大家通过阅读本书，对中华优秀传统文化有一个较为全面的体悟与认识。

当然，本书所选原典只是中华优秀传统文化宝库中的沧海一粟，且囿于个人识见，遗珠之憾在所难免，敬请广大读者批评指正。

目 录

《文言》曰：元者，善之长也[1]；亨者，嘉之会也[2]；利者，义之和也；贞者，事之干也。君子体仁足以长人[3]，嘉会足以合礼，利物足以和义，贞固足以干事。君子行此四德者，故曰“乾，元亨利贞”。

【注释】

①长：长者。

②嘉：美好。

③体：实行。长：抚蓄。

【译文】

《文言》说：元，是善举之首；亨，是美好的合会；利，是正义的中和；贞，是事物的骨干。君子身体力行仁德足以领导民众，合会美好足以合乎礼仪，利益万物足以合乎正义，忠贞坚定足以成就事业。君子具备这样的四种美德，就说“乾，元亨利贞”。

初九曰“潜龙勿用”，何谓也？子曰：“龙，德而隐者也。不易乎世[1]，不成乎名，遁世无闷，不见是而无闷。乐则行之，忧则违之。确乎其不可拔[2]，潜龙也。”

【注释】

①易：转移。

②确乎：坚定的样子。拔：动摇。

【译文】

初九的爻辞说“潜龙勿用”，是什么意思呢？孔子说：“龙，比喻有才德而隐居的君子。不为世俗所变节，不强求名誉，隐居世外而不苦闷，不见于世也不烦闷。乐于做的事就去做，忧愁的事就不做。确实坚定而不动摇，这就是潜龙啊。”

九二曰“见龙在田[1]，利见大人”，何谓也？子曰：“龙，德而正中者也。庸言之信[2]，庸行之谨，闲邪存其诚[3]，善世而不伐[4]，德博而化。《易》曰‘见龙在田，利见大人’，君德也。”

【注释】

①见：同“现”。

②庸：平常。

③闲：防备。本意指马圈的栅栏。

④善：使……变好。伐：自夸。

【译文】

九二的爻辞说“见龙在田，利见大人”，是什么意思呢？孔子说：“这是说君子应该具备正义中和的品德。说平常话也要恪守诚信，做平常事也要小心谨慎，摒弃邪恶而保存忠诚，施善世人而不表功，品德广博而教化民众。《易经》说‘见龙在田，利见大人’，这是君主的德行啊。”

九三曰“君子终日乾乾，夕惕若，厉无咎”，何谓也？子曰：“君子进德修业。忠信，所以进德也；修辞立其诚，所以居业也。知至至之，可与几也[1]；知终终之，可与存义也。是故，居上位而不骄；在下位而不忧。故乾乾因其时而惕，虽危无咎矣。”

【注释】

①几：动之微，事变的端始。

【译文】

九三的爻辞说“君子终日乾乾，夕惕若，厉无咎”，是什么意思呢？孔子说：“君子为增进品德而建功立业。持守忠贞与诚信，是增进德行的根本；注意文辞建立诚意，则可以持守德业。心中知道自己的奋斗目标，就会为达到目标而努力，如此则会有一种自觉的预见能力，知道终身当如此，便实际上做到终身如此，如此便可以守义不变了。所以，君子居于高位而不傲慢，处于低位而不苦恼。乾卦六位时高时低，因其时而警惕戒惧，虽然危险，但是没有过失。”

九四曰“或跃在渊，无咎”，何谓也？子曰：“上下无常，非为邪也；进退无恒，非离群也。君子进德修业，欲及时也，故无咎。”

【译文】

九四的爻辞说“或跃在渊，无咎”，是什么意思呢？孔子说：“或上或下没有常势，并非倾斜不正；或进或退没有一定，并非脱离群体。君子增进品德建立功业，要与时俱进，所以没有过失。”

九五曰“飞龙在天，利见大人”，何谓也？子曰：“同声相应，同气相求。水流湿，火就燥，云从龙，风从虎。圣人作而万物睹。本乎天者亲上，本乎地者亲下，则各从其类也。”

【译文】

九五的爻辞说“飞龙在天，利见大人”，是什么意思呢？孔子说：“同心的声音就相互应答，同样的气息就相互追求。水流向湿的地方，火燃烧干燥的物品；龙飞而云从，虎行而风生。圣人出现，则万众必亲而从之。不管是“本乎天者”的动物，还是“本乎地者”的植物，都能够各就其类，各正其性。

上九曰“亢龙有悔”，何谓也？子曰：“贵而无位，高而无民。贤人在下，位而无辅。是以动而有悔也。”

【译文】

上九的爻辞说"亢龙有悔",是什么意思呢？孔子说:"尊贵却没有职位,高高在上却脱离民众。贤人处于下层,圣人得不到贤人的辅助。所以,只要有所行动就会酿成悔恨。"

二、周易·系辞上（节选）

【导读】

《周易·系辞》为《易传》“十翼”之一，有上下两篇，乃十篇的总纲和精华，是说明《易经》中概念、原理和应用等的著作。据史书记载《系辞传》为孔子所著，《史记·孔子世家》：“孔子晚而喜《易》，序《彖》《系》《象》《说卦》《文言》。读《易》，韦编三绝。曰：‘假我数年，若是，我于《易》则彬彬矣。’”其中的“系”即指《系辞》。

《系辞》以“一阴一阳之谓道”为中心，阐述了事物本身具有的“阴”与“阳”的两面、相对特性，而事物也正是由“阴”与“阳”相互作用所生成的。本段节选自《系辞上》，是《系辞》的最核心内容。提出了“一阴一阳之谓道”的观点，强调了其重要性。提出万事万物继承“道”的基因即为“善”、万事万物成为事物本身则为“性”，并进而指出“生生之谓易”，从而奠定了中国传统文化崇尚生成的特色基础。而“成象之谓乾”“效法之谓坤”则提出了人在天地间“仰则观象于天”“俯则观法于地”，以及“人法地，地法天，天法道，道法自然”的行为方式和规范。尤其是“通变之谓事”更是为我们今天如何由“经”这一终极真理来具体做事提供了“通变”的原理和保障。当然，“神”乃阴阳变化莫测，则告诉了我们做事的终极目标，也从另一方面让我们知道古人并非如我们今天所认为的那样封建迷信，不讲科学。《易经》恰恰就是一门科学。

一阴一阳之谓道，继之者善也，成之者性也。仁者见之谓之仁，知者见之谓之知[1]，百姓日用而不知，故君子之道鲜矣[2]！

【注释】

①知：同“智”。

②鲜：少。

【译文】

一阴与一阳的交合就能构成“道”，继承了就是善，成就了就是性。仁者见了说那是仁，智者见了说那是智，百姓日用其然却不了解其所以然，因而君子宣扬的“道”，知晓的人就很少了。

显诸仁，藏诸用，鼓万物而不与圣人同忧，盛德大业至矣哉！富有之谓大业，日新之谓盛德。生生之谓易，成象之谓乾，效法之谓坤，极数知来之谓占，通变之谓事，阴阳不测之谓神。

【译文】

在仁德中显现，在功用中隐藏，鼓动万物不与圣人一起忧虑，盛德大业就达到极致了！大业就是富有，盛德在于日新。生生不息就是“易”，卦象形成了就称作“乾”，顺从而效法之就称作“坤”，穷尽象数而能知未来便称作“占”，贯通了万物的变化就称作“事”，阴阳变化难以揣测就称作“神”。

三、尚书·洪范

【导读】

《尚书》就是上书，也就是“上古的书”，记载了上古时期也即自尧舜至东周的历史，基本内容是古代帝王的文告和君臣之间谈话的记录，又称为《书》《书经》，与《诗经》并为中国最古老的典籍，也是儒家最核心的经典之一。据传，《尚书》是孔子整理搜求、编订的，用以教授门徒，共有一百篇，其中有一部分是后人补充的。秦统一中国后，焚书坑儒，大量典籍被焚毁，后世出现今文、古文两种传本。所谓今文本，指的是秦博士伏生传授的二十八篇（不含《秦誓篇》），因为是用隶书写成，而隶书体属于今文字，所以称为《今文尚书》。而古文本则是西汉的鲁恭王在孔家墙壁中发现的一部用先秦大篆书体抄写的《尚书》，大篆体是古文字，自然被称为《古文尚书》。此书经过孔子后人孔安国的整理，比原来流传的版本多了二十五篇，共计五十八篇。这本《尚书》由于汇聚了前人的解说，注释详明，加上汉王朝的提倡，很快便成为法定文本并流传后世，影响深远。直到宋代，吴棫、朱熹等学者开始怀疑其为伪书，清人阎若璩更是著《尚书古文疏证》进一步考订辨伪，力证其伪，故后人又称之为“伪《孔传》”。

本篇选取的《洪范》属于《尚书·周书》，讲述了周武王十三年箕子向武王阐述大禹的九条治国方略：洪范九畴。“洪”的意思是大，“范”的意思是法。所以，洪范的意思是“大法”，类似于今天的宪法，讲治国之道、治国之常理。这些治国的常理从五行之说谈到品德言行，从政治秩序的建立到对自然现象征兆的解说，把以君王为至尊的思想作为指导原则。其中体现的是君权天授的思想，也要求君王顺应自然规律、规范秩序等。这对后世的政治哲学理论产生了巨大影响。

惟十有三祀[①]，王访于箕子[②]。王乃言曰："呜呼！箕子。惟天阴骘下民[③]，相协厥居。我不知其彝伦攸叙[④]？"

【注释】

①十有三祀：即"十又三年"，武王伐商二年后。商代以祀纪年，甲骨文常见"惟王几祀"。

②王：周武王。箕子：商纣王的叔父，封地在今山东境内。

③阴：覆。骘：定。

④彝：常。伦：理。攸：所以。叙：顺序。

【译文】

十三年，武王访问了箕子。武王说道："哎呀！箕子。上帝荫庇保护着百姓，使大家和谐居住。我不知道天帝治理天下的常理怎么弄得那么井然有序？"

箕子乃言曰："我闻在昔，鲧堙洪水[①]，汩陈其五行[②]，帝乃震怒[③]，不畀洪范九畴[④]，彝伦攸斁[⑤]。鲧则殛死[⑥]，禹乃嗣兴，天乃锡禹洪范九畴[⑦]，彝伦攸叙。

【注释】

①鲧：神话人物，传说为禹的父亲。堙：堵塞。

②汩：乱。五行：水火木金土。

③帝：殷人对天帝的称呼。

④畀：赐予。洪：大。范：法。畴：类。

⑤攸：因此。斁：败坏。

⑥殛：诛杀。

⑦锡：赐予。

【译文】

箕子说："我听说过去鲧用土去堵塞洪水，把五行搞乱了，天帝大怒，就不把'大法九章'传授给他，治理天下的常理遭到败坏。鲧被诛杀了，禹继起振兴大业，天帝就把‘大法九章’传授给了禹，禹按此常理治理天下井井有条。

“初一[①]，曰五行；次二，曰敬用五事[②]；次三，曰农用八政[③]；次四，曰协用五纪[④]；次五，曰建用皇极[⑤]；次六，曰乂用三德[⑥]；次七，曰明用稽疑[⑦]；次八，曰念用庶征[⑧]；次九，曰向用五福[⑨]，威用六极[⑩]。

【注释】

①初：开始。

②用：以。五事：指一个人的态度、言语、观察、闻听、思考等五项。

③农：勉。八政：指“食”“货”等八项。见下文。

④协：和。五纪：所举五种纪时计算之术。

⑤皇极：君王进行统治的准则。

⑥乂：治。三德：为正直、刚克、柔克三项。

⑦稽疑：卜问疑难。

⑧庶：众多。征：征兆。

⑨向：通“飨”，给人以好处。五福：寿、富、康宁、好德、终命等五项。

⑩威：使畏惧、敬畏。六极：“凶短折”等六项不吉利的事。

【译文】

“第一，五行；第二，谨慎于君王自身的五事；第三，勉力办好八项政务；第四，协调五种纪时之术；第五，建立君王的统治准则；第六，运用三种统治方式进行治理；第七，运用卜筮来处理疑难问题；第八，用各种征兆验证君主行为的好坏；第九，运用五种幸福的事以赐福，运用六种极坏的事以惩罚。

“一，五行：一曰水，二曰火，三曰木，四曰金，五曰土。水曰润下[1]，火曰炎上[2]，木曰曲直[3]，金曰从革[4]，土爰稼穑[5]。润下作咸[6]，炎上作苦，曲直作酸，从革作辛[7]，稼穑作甘[8]。

【注释】

①水曰润下：水的特性为向下湿润。曰，为。

②炎上：燃烧向上。

③曲直：可曲可直。

④从革：变革。

⑤爰：即“曰”，为。稼穑：种植和收获庄稼。

⑥作：则，就。

⑦辛：辣。

⑧甘：甜。

【译文】

“第一章，五行：一是水，二是火，三是木，四是金，五是土。水的特性是向下湿润，火的特性是向上燃烧，木的特性是可曲可直，金的特性是可以按照人的要求变化形状，土的特性是可以种植和收获庄稼。向下湿润致卤就使味道咸，向上燃烧致焦就使味道苦，可曲可直的木材产生酸味，可变化的金属伤人就使人感到苦辛，土地生长出来的庄稼味道甜美。

“二，五事：一曰貌[1]，二曰言，三曰视，四曰听，五曰思。貌曰恭，言曰从[2]，视曰明[3]，听曰聪[4]，思曰睿[3]。恭作肃[6]，从作乂[7]，明作哲，聪作谋，睿作圣。

【注释】

①貌：态度。

②从：顺。

③明：清醒明察。

④聪：聪明。

⑤睿：睿智通达。

⑥肃：严肃。

⑦乂：治理。引申为辅助、鼓励。

【译文】

“第二章，君王自身的五事：一是态度，二是言语，三是观察，四是闻听，五是思考。态度要恭敬，言语要柔顺，观察事物要清晰，听取别人的意见要聪颖，思考问题要通达。态度恭敬，就表现出严肃端庄；说话柔顺，就能得到广泛辅佐；看问题清晰，就有智者风范；听取意见聪颖，就能善于谋断；思考问题通达，就能达到圣明。

“三，八政：一曰食①，二曰货②，三曰祀③，四曰司空④，五曰司徒⑤，六曰司寇⑥，七曰宾⑦，八曰师⑧。

【注释】

①食：民食。指农业。

②货：财货。指手工业、商业。

③祀：祭祀等宗教活动。

④司空：掌管居民的官。

⑤司徒：掌管教育的官。

⑥司寇：掌管司法的官。

⑦宾：礼宾、朝觐等外交事务。

⑧师：军事。指军事活动。

【译文】

“第三章，要做好八项政务：一是百姓吃饭问题（农业生产），二是手工生产和商业贸易，三是宗教祭祀活动，四是内务民政，五是教育文化，六是公安司法，七是礼宾外交，八是军事行动。

“四，五纪[①]：一曰岁[②]，二曰月[③]，三曰日[④]，四曰星辰[⑤]，五曰历数[⑥]。

【注释】

①五纪：依节气纪岁，依月象纪月，依圭影纪日，依二十八宿纪日月之会，依五行星的运行数据纪历数。纪，指天象数据及几种不同的纪时单位。

②岁：上年冬至到下年冬至为一岁。

③月：从朔至晦为一月。

④日：昼夜为一日。

⑤星辰：依躔度以纪星辰。

⑥历数：日月星辰运行经历周天的各种数据。

【译文】

“第四章，五种纪时方法：一是年，二是月，三是日，四是星辰，五是历数。

“五，皇极：皇建其有极[①]。

【注释】

①有：助词，无意义。极：准则。

【译文】

“第五章，君王的统治准则：君王要建立他的统治准则。

“敛时五福[①]，用敷锡厥庶民[②]；惟时厥庶民于汝极[③]，锡汝保极。凡厥庶民，无有淫朋[④]，人无有比德[⑤]，惟皇作极。凡厥庶民，有猷有为有守[⑥]，汝则念之。不协于极[⑦]，不罹于咎[⑧]，皇则受之，而康而色[⑨]。曰‘予攸好德’[⑩]，汝则锡之福。时人斯其惟皇之极。无虐茕独[⑪]，而畏高明[⑫]。人之有能有为，使羞其行[⑬]，

而邦其昌。凡厥正人[14]，既富方谷[15]；汝弗能使有好于而家，时人斯其辜[16]。于其无好德，汝虽锡之福，其作汝用咎。

【注释】

①时：通“是”，这。五福：指下文第九畴中的寿、福等五项。

②用：以。敷：布。锡：赐予。厥：其。

③极：准则。

④无：毋，不要。淫朋：邪党。

⑤人：官员。比：私相亲密。

⑥猷：谋划。为：才干。守：德行操守。

⑦协：和，合。

⑧罹：陷入。

⑨而康而色：而且要和善你的脸色。

⑩攸：修。

⑪虐：欺侮。茕独：泛指孤苦无依的人。

⑫高明：尊崇显要之人。

⑬羞：进献。

⑭正人：官员中的长官。

⑮方：始，才。谷：善。

⑯辜：罪。

【译文】

“聚集五种幸福的事，赐予百姓；这样的话，百姓对于您的准则，就会帮助您去巩固。所有庶民都不得结成邪党，一切官员不得朋比为奸，只应遵循君王所建的准则。庶民中有善于谋划、有才干、有操守的，要注意记住他们。那些行为不合准则，但尚未陷入罪恶的人，就要容忍他们，而且应该和颜悦色地去宽容他们。如果某人说‘我要注意修好品德’，您就要赏赐他好处。这些人就会完全遵守君王的准则。不要虐待那些孤苦无依的平民，而畏惧显贵官员。那些有才干的官吏，要升进他们，这样可使国家昌盛。那些高级长官，须先给他们以优厚的俸禄，才可以要求他们做出善政。如果您不能使百姓尽力于王家，那就是官员们的罪过。这些人没有用时，您虽然赐福给他们，也只会干出坏事。

“无偏无陂[①]，遵王之义。无有作好[②]，遵王之道。无有作恶，遵王之路。无偏无党[③]，王道荡荡[④]。无党无偏，王道平平[⑤]。无反无侧，王道正直。会其有极！归其有极！曰皇极之敷言[⑥]，是彝是训[⑦]，于帝其训[⑧]。凡厥庶民极之敷言，是训是行，以近天子之光。曰天子作民父母，以为天下王！

【注释】

①陂：倾斜，不平。

②好：私人利益。

③党：偏也，结党营私。

④荡荡：宽阔、平坦的样子。

⑤平平：通“辨辨”，治理、辨别。

⑥敷：通“傅”，至。

⑦彝：常规，常法。训：教训。

⑧于帝其训：顺着上帝。

【译文】

“不要偏，不要斜，应当遵循君王的仁义。不能只顾私人利益，应当遵循君王正道而前进。不要为非作恶，要遵循君王的正路行走。不要偏私，不要结党，君王的道路将无比宽广。不要结党，不要偏私，君王的道路将无比平坦。不要反复，不要倾侧，君王的道路中正平直。大家汇集到君王的准则下来啊！大家归依到君王的准则下来啊！这就叫作君王统治准则的至理名言，要以至言为师法，为教训，才算顺从了天帝的意旨！这也都是庶民们所要遵守的至言，只应当顺从它，奉行它，以亲附于天子，承受他的光彩。这样，天子才是百姓的父母，是全天下的君王！

“六，三德[①]：一曰正直，二曰刚克[②]，三曰柔克[③]。平康[④]，正直；强弗友[⑤]，刚克；燮友[⑥]，柔克。沉潜[⑦]，刚克；高明[⑧]，柔克。惟辟作福[⑨]，惟辟作威，惟辟玉食。臣无有作福、作威、玉食。臣之有作福、作威、玉食，其害于而家，凶于而国，人用侧颇僻，民用僭忒[⑩]。

【注释】

①三德：三种统治方法。

②刚：刚强，强硬。克：取胜。

③柔：怀柔、温和的方式。

④平康：平正康宁。

⑤强：通“犟”，倔强、顽固。

⑥燮：和。

⑦沉潜：指沉沦在下的民众。

⑧高明：显要贵族。

⑨辟：君主。

⑩僭：犯上作乱。忒：通“恶”。

【译文】

“第六章，三种统治方式：一是用正直的方式进行统治，二是用强硬的方式进行统治，三是用温和的方式进行统治。对平正康宁的人，要采用正直方式；对倔强不亲附的人，要采用强硬方式；对和顺可亲近的人，要采用温和方式。对待百姓，要以强硬的方式统治；对显要贵族，要以温和的方式拉拢。只有君王才有权赐予百姓以幸福，给予民众以刑罚，也只有君王才可以享受锦衣玉食。臣下则无权给人以幸福、予人以刑罚、享受玉食。倘若臣下擅权，给人以幸福、予人以刑罚、享受美食，就会危及王室，倾覆国家，百官因此会走上邪路，老百姓也会犯上作乱。

“七，稽疑[①]：择建立卜筮人[②]，乃命卜筮[③]。曰雨，曰霁[④]，曰蒙[⑤]，曰驿[⑥]，曰克[⑦]，曰贞[⑧]，曰悔[⑨]，凡七。卜五[⑩]，占用二[⑪]，衍忒[⑫]。立时人作卜筮，三人占，则从二人之言。

【注释】

①稽疑：卜筮决疑。

②卜：用龟甲占卜。筮：用蓍草占卜。

③乃命卜筮：占卜时将所问之事告诉龟甲和蓍草。

④霁：雨止而云未散。

⑤蒙：雾气蒙蒙。

⑥驿：云气不连贯。

⑦克：成功与否。

⑧贞：内卦。

⑨悔：外卦。

⑩卜五：指用龟甲占卜的雨、霁、圛、圉、克五项。

⑪占用二：用蓍草占筮的贞、悔两项。

⑫衍忒：卜筮二者都要推演研究兆卦的变异。衍，推演。忒，变。

【译文】

“第七章，占卜决疑的方法：择用善于卜筮的人，用龟甲占卜、蓍草筮卦，展示出雨、霁、蒙、驿等天气状况，事件成功与否，以及内卦、外卦的丰富变化，一共七项。其中，龟卜五项，蓍筮两项，都要推演研究其兆卦的变异。用这些人进行卜筮时，三个人占问，要信从两个人的共同意见。

“汝则有大疑，谋及乃心，谋及卿士，谋及庶人，谋及卜筮。汝则从，龟从，筮从，卿士从，庶民从，是之谓大同。身其康强，

子孙其逢[1]，吉。汝则从，龟从，筮从，卿士逆，庶民逆，吉。卿士从，龟从，筮从，汝则逆，庶民逆，吉。庶民从，龟从，筮从，汝则逆，卿士逆，吉。汝则从，龟从，筮逆，卿士逆，庶民逆，作内，吉；作外，凶[2]。龟筮共违于人，用静，吉；用作，凶。

【注释】

①逢：大。

②作内，吉；作外，凶：对内吉利，对外就不吉利了。

【译文】

"您倘若有重大疑难的事，首先要自己反复考虑，然后再问大臣，再咨询庶民，最后再看卜筮的结果。如果您自己赞同，龟卜赞同，蓍卦赞同，大臣赞同，庶民也赞同，这就叫作'大同'。这样，你身体就会强健，子孙后代也会昌盛，这是大吉。如果您自己赞同，龟卜赞同，蓍卦也赞同了，可是大臣们反对，庶民们也反对，这也算吉利。如果大臣们赞同，龟卜赞同，蓍卦赞同了，您自己却反对，庶民们也反对，这还是算吉利。如果庶民们赞同，龟卜赞同，蓍卦赞同了，您自己却反对，大臣们也反对，这仍算是吉利。如果您赞同，龟卜也赞同，蓍筮却反对，大臣们也反对，庶民们也反对，这种情形下，用于国内之事，仍是吉利；对外，则有凶灾。如果龟卜和蓍筮都不合人意，那就要安静下来，不应有所举动，才能得到吉利的结果；有所妄动，就会招来凶祸。

"八，庶征[1]：曰雨，曰旸[2]，曰燠[3]，曰寒，曰风。曰时五者来备[4]，各以其叙[5]，庶草蕃庑[6]。一极备[7]，凶；一极无[8]，凶。

【注释】

①庶：众。征：征兆。

②旸：日出。

③燠：暖，热。

④曰时：要是。曰，语气词，无意义。

⑤叙：次序。

⑥蕃：滋。庑：丰。

⑦一极备：其中一项过多。

⑧一极无：其中一项太欠缺。

【译文】

“第八章，各种征象：雨、晴、暖、寒、风。要是五项都具备，各按其规律发生，就能使草木繁盛，庄稼丰收。如果其中某一项过多，就不利；某一项欠缺，也是不利。

“曰休征[①]：曰肃[②]，时雨若[③]；曰乂，时旸若；曰晰，时燠若；曰谋，时寒若；曰圣，时风若。

【注释】

①休：美好。

②肃：即上文“恭作肃”的“肃”，指君王态度严肃、庄敬。下“乂”“哲”“谋”“圣”皆同。

③时：适时。若：助词，无意义。

【译文】

“美好行为的征兆：君王表现肃敬，雨水恰到好处地降下来；君王政治清明，太阳按时普照大地；君王处理事情明智，气候适时温暖；君王深谋远虑，天气适时转寒；君王明识通达，和风定时而至。

“曰咎征[①]：曰狂[②]，恒雨若[③]；曰僭[④]，恒旸若；曰豫[⑤]，恒燠若；曰急[⑥]，恒寒若；曰蒙，恒风若。

【注释】

①咎：过失。

②狂：狂妄。

③恒：常。

④僭：差，过失。

⑤豫：安逸。

⑥急：急躁莽撞。

【译文】

“恶劣行为的征兆：君王行为放肆狂妄，常下大雨；君王行为动辄有差错，经常干旱；君王办事拖拉迟缓，天气经常炎热；君王办事冒失孟浪，天气经常寒冷；君王处事昏暗不明，经常大风不止。

“曰：王省惟岁[①]，卿士惟月[②]，师尹惟日[③]。岁月日时无易[④]，百谷用成[⑤]，乂用明[⑥]，俊民用章[⑦]，家用平康。日月岁时既易，百谷用不成，乂用昏不明，俊民用微[⑧]，家用不宁。

【注释】

①省：察。

②卿士：周王朝掌管国政最高级的官员。

③师尹：师氏、尹氏的连称。泛指周王朝高级文武百官。

④无：毋，不要。

⑤用：以。

⑥乂：治。

⑦俊民：才能特别高的人。章：显用。

⑧微：沉沦卑贱。

【译文】

“君王、卿士、师尹递相统率，就像岁、月、日递相隶属，纲举目张。岁、月、日自然有序而不错乱，庄稼才会获得丰收，政治就会清明，贤才也会显用，国家才能平安宁静。如果日、月、岁时间颠倒错乱，庄稼不会有收成，政治也会昏暗，贤才只能沉沦，国家当然就不得安宁了。

“庶民惟星[①]：星有好风[②]，星有好雨。日月之行，则有冬有夏；月之从星，则以风雨[③]。

【注释】

①庶民惟星：老百姓就像星星。

②星有好风：星星有爱好风的，意思是星星能影响造成风。下“好雨”同。

③月之从星，则以风雨：古人传说月亮运行经过爱好风雨的星就会引起风雨。这里是强调君王要加强统治，不能迁就民欲。

【译文】

“老百姓好比星星：能够影响风雨调顺。日、月按一定规律运行，就会产生冬夏。如果月亮行道时，从星所好，就会引起风雨，顺从民欲，就会政教失常。

“九，五福[①]：一曰寿，二曰富，三曰康宁[②]，四曰攸好德[③]，五曰考终命[④]。六极[⑤]：一曰凶短折[⑥]，二曰疾，三曰忧，四曰贫，五曰恶[⑦]，六曰弱[⑧]。”

【注释】

①福：幸福的事。

②康宁：健康安宁。

③攸：修。

④考终命：终天年。考，老。

⑤极：这里指惩罚、恶事。

⑥凶短折：短命而死。

⑦恶：凶恶。

⑧弱：懦弱，衰弱。

【译文】

“第九章，五种幸福：一是长寿，二为富贵，三是健康安宁，四是敬修美德做好事，五是老而得善终。六种惩罚：一是短命而死，二是疾病，三是忧患，四是贫穷，五是凶恶，六是衰弱。”

武王既胜殷，邦诸侯[1]，班宗彝[2]，作《分器》。

【注释】

①邦：分封。

②班：授，给予。

【译文】

周武王已经战胜了商国，分封诸侯，赏赐给诸侯宗庙彝器，并命史官作《分器》记述下来。

四、清华简·保训篇

【导读】

清华简即清华大学藏的一批竹简，由清华校友赵伟国拍得后，于2008年捐赠给清华大学。经鉴定，这批竹简属于战国时期，其文字特征大部分与楚文字相近。据统计，清华简共约2500枚，保存了大量珍贵的先秦资料。

清华简的内容大多为经书和史书，其中还包含多篇《尚书》，极大地丰富了学术界对《尚书》的认知和研究。《尚书》自秦焚书以来大多失传了，清华简的出现证明了现有的部分《尚书》系后人伪作，也提供了多篇从未见于记录的资料。

《保训》为清华简中的一篇，体裁与《尚书》非常接近。《保训》全篇共十一支竹简，其中第二支竹简只有下半部分保存完好。因此全文前半部分文字有所缺失，不过整篇文章大体齐全。《尚书》向来被认为艰深难懂，《保训》虽不列入《尚书》，但其文字也较为艰涩生僻、拗口难懂。

《保训篇》开头“惟王五十年，不瘳，王念日之多历……”，由此可以推测这篇文章记载的是一位在位五十年的君王的临终遗言，而根据历史记载可知是周文王。后文“曰：发……”“发，敬哉……”，似周文王对其子周武王姬发的训言。训言提到两段故事，第一段阐述了舜“求中”和“得中”的经历，而第二段讲述微（上甲）把“中”传给成汤的经过。这些关于“中”的传授，与《尚书·大禹谟》的“允执厥中”似有相通之处。

惟王五十年，不瘳[①]，王念日之多历[②]，恐坠宝训。戊子，自靧[③]。己丑，昧［爽］[④]……［王］若曰："发[⑤]，朕疾适甚[⑥]，恐不汝及训[⑦]。昔前代传宝，必受之以詷，今朕疾允病，恐弗念终，女以书受之。钦哉，勿轻[⑧]！昔舜旧作小人[⑨]，亲耕于历丘，恐求中[⑩]，自稽厥志，不违于庶万姓之多欲。厥有施于上下远迩，乃易位迩稽，测阴阳之物，咸须不扰。舜既得中，言不易实变名，身滋备惟允，翼翼不懈，用作三降之德。帝尔嘉之，用受厥绪。呜呼！祗之哉！昔微假中于河[⑪]，以复有易，有易服厥罪，微无害，乃归中于河。微志弗忘，传贻子孙，至于成唐，祗备不懈，用受大命。呜呼！发，敬哉！朕闻兹不旧，命未有所延。今汝祗备毋懈，其有所由矣。不及尔身受大命，敬哉，勿淫！日不足，惟宿不详。"

【注释】

①不瘳：身体不适。

②念：思，考虑。

③靧：洗脸。

④昧爽：天色将亮。

⑤发：周武王姬发。

⑥适：加重。

⑦女：通"汝"，你。

⑧轻：放纵。

⑨小人：平民，一般老百姓。

⑩中：中道，即治国理政的方法。

⑪微：上甲微。假：借。河：河伯。

【译文】

文王五十年，王身体不适，恐怕来日无多，不能将先王"宝训"传之后世。戊子日，文王沐浴净面。己丑日，天色将明之际……文王对姬发说："发，我的病情加重，恐怕不能亲口将'宝训'传给你了。以往，先王传承'宝训'时都是亲自念诵。如今我病势沉重，恐怕不能完成这一任务了。你就把（记载的）简册拿去吧。要敬慎，不能放纵自己啊！当舜还是一介平民的时候，在历丘一带耕作，敬畏地寻求中道，用以考校自己的意志，以便顺从百姓的意愿，将恩德施与上下远近的民众。于是舜分职设官，建立文书簿籍，考量世间万物，万物都顺而不逆。舜得到中道后，在言语上不变乱名实，而且亲身躬行中道，恭敬而不懈怠。因此才有后来'一徙成邑，再徙成都，三徙成国'的业绩，受到帝尧的嘉许，并将王位传给了他。呜呼！要恭敬啊！当初上甲微从河伯处借得记有中道的'保训'，向有易复仇，有易服罪。上甲微妥善保存并将之归还于河伯。（自此）上甲微持守中道，并将之传贻给后世子孙，一直到成汤，都敬慎地持守而不敢懈怠，所以才能得到天命。呜呼！要恭敬啊！发！我才领悟中道不久，可惜命不久矣！今后你敬慎不懈，一定会有所成就。唉！我不能看到你接受天命的一天了！要敬慎，不能放纵自己！时光易逝啊！"

五、毛诗序

【导读】

《诗经》在汉代有齐、鲁、韩、毛四家，其中齐、鲁、韩三家为今文经学，被列于学官，《毛诗》后出，属于古文经学，并没有列入学官。东汉以后，经学家郑玄为《毛诗》作《笺》，《毛诗》声名鹊起，“三家诗”逐渐亡佚，《毛诗》流传开来，成为《诗经》正宗。《毛诗》是鲁人毛亨、赵人毛苌所传。在每一首诗前均有解题，称为“小序”，在首篇《关雎》解题之后又有一段总论《诗经》要旨的文字，称为《毛诗序》，又称“诗大序”。关于《毛诗序》的作者，历来众说纷纭、莫衷一是。郑玄的《诗谱》说“大序”是孔子的弟子子夏所作，“小序”是子夏、毛公合作。范晔在《后汉书·儒林传》中则认为“大序”是后汉的卫宏所作。另外，还有其他一些说法，至今没有定论。

《毛诗序》是我国古代诗论的第一篇专著。它在总结前人的基础上，结合时代的需要，提出了比较系统的儒家传统文论的若干理论原则。这些原则，对中国古代文论及文学创作曾产生过巨大的影响，其理论意义十分重大。第一是关于诗歌本质的认识。“诗者，志之所之也，在心为志，发言为诗。情动于中而形于言，言之不足，故嗟叹之；嗟叹之不足，故永歌之；永歌之不足，不知手之舞之、足之蹈之也。”这里不仅继承了前人“诗言志”和诗、乐、舞三者密切结合的观点，而且进一步指出这三者的核心在于言志抒情。第二是关于诗歌社会作用问题的论述。“上以风化下”和“下以风刺上”。统治者可以而且应该利用文艺的作用来达到宣传、教化的目的。可见，作者将文艺的教化作用看作是文艺的根本目的。第三是总结了诗歌的体裁和表现手法：“故诗有六义焉：一曰风，二曰赋，三曰比，四曰兴，五曰雅，六曰颂。”这就是著名的“六义”说。

《关雎》[①]，后妃之德也，风之始也。所以风天下而正夫妇也，故用之乡人焉[②]，用之邦国焉。风，风也，教也。风以动之，教以化之。

【注释】

①《关雎》：《诗经》的第一篇，故曰“风之始也”。

②用之乡人焉：据《仪礼》中记载，乡大夫行乡饮酒礼时，以《关雎》合乐。

【译文】

《关雎》一诗，歌颂天子之妻（旧说指周文王妃太姒）的高尚品德，是《诗经》中十五国风的第一篇。是用来教化天下的人从而端正夫妇关系的，所以，乡官用来教化老百姓，诸侯用来教化臣下。风，就是风化，就是教育。通过风化来感动人，通过教育来感化人。

诗者，志之所之也[①]，在心为志，发言为诗。情动于中而形于言，言之不足[②]，故嗟叹之；嗟叹之不足，故永歌之；永歌之不足，不知手之舞之、足之蹈之也。

【注释】

①志：心意，情感。

②之：到达，所致。

【译文】

所谓诗，是人的意志情怀的表现，在心里是意志情怀，用语言表达就成为诗。情志发动在心中，表现出来为语言，语言表现情志不充分，所以咨嗟叹息以辅助它；嗟叹还嫌表达不充分，所以引声长歌；长歌还嫌表达不充分，不知不觉地手舞动起来，脚跳动起来。

情发于声[①]，声成文谓之音[②]。治世之音安以乐，其政和；乱世之音怨以怒，其政乖；亡国之音哀以思，其民困。故正得失，动天地，

感鬼神，莫近于诗。先王以是经夫妇[3]，成孝敬，厚人伦，美教化，移风俗。

【注释】

①声：指宫、商、角、徵、羽五种调式。

②音：指丝、竹、金、石、匏、土、革、木八种乐器的奏音。

③经：经纬、治理的意思。

【译文】

情志表现在声音中，声音有节奏变化，具有宫商角徵羽五音，便成为音乐。太平时代的音乐，安定而快乐，那时候政局和谐；动乱时代的音乐充满哀怨和愤怒，那时候政局悖逆反常；将要灭亡的国家的音乐表现出悲哀和沉思，那时候民众困难。所以端正得失，惊动天地，感动鬼神，没有超过诗歌的。先王用它使夫妇关系合乎正道，形成对父母的孝敬，使人伦敦厚，使教化优美，使风俗变得纯朴。

故诗有六义焉[1]：一曰风，二曰赋，三曰比，四曰兴，五曰雅，六曰颂。上以风化下，下以风刺上[2]，主文而谲谏，言之者无罪，闻之者足以戒，故曰风。至于王道衰，礼义废，政教失，国异政，家殊俗，而变风变雅作矣。国史明乎得失之迹[3]，伤人伦之废，哀刑政之苛，吟咏情性，以风其上；达于事变而怀其旧俗也，故变风发乎情，止乎礼义。发乎情，民之性也；止乎礼义，先王之泽也。是以一国之事，系一人之本，谓之风；言天下之事，形四方之风，谓之雅。雅者，正也，言王政之所由废兴也。政有小大，故有《小雅》焉，有《大雅》焉。颂者，美盛德之形容[4]，以其成功告于神明者也。是谓四始，诗之至也。

【注释】

①六义：六种形式，赋、比、兴指表现手法，风、雅、颂指题材类型。

②风刺：这里的“风刺”不同于现在的“讽刺”，指用“风”这种诗歌来委婉含蓄地批评、劝告的意思。

③国史：国之史官。

④形容：名词，“形”和“容”的合称，指形象容貌或形状样态。

【译文】

所以诗有六种意义：一叫风，二叫赋，三叫比，四叫兴，五叫雅，六叫颂。什么是风呢？统治者以风教化老百姓，老百姓用风讽谏统治者，用譬喻等委婉的方式规劝，说话的人没有罪过，听见的人足以警诫，所以叫作“风”。等到王道衰落，礼义废弃，政教丧失，国家政治变异，家庭风俗变坏，于是变风、变雅出现了。搜集民歌的国家史官，明白国家成功失败的迹象，为人伦的废弃而伤心，为刑政的苛酷而悲哀，于是借用民歌吟咏老百姓的情性来讽谏在上的统治者，通达事变而怀念以前的好风俗。所以，变风出发于情志，停止于礼义。发于情志，是老百姓的本性；停止于礼义，是先王的恩泽。所以，谈论一个国家的事，出自一个人的本心，叫作风；谈论天下的事，表现四方的风俗，叫作雅。所谓“雅”，就是正，说的是王政由此而兴废的道理。政事有小有大，所以雅有《小雅》《大雅》之分。所谓颂，赞美前人崇高的品德的状况，将他们的成功报告给神明。这叫作四始（即《关雎》为“风”之始，《鹿鸣》为“小雅”之始，《文王》为“大雅”之始，《清庙》为“颂”之始），它们是诗的极致。

然则《关雎》《麟趾》之化，王者之风，故系之周公①。 南②，言化自北而南也。 《鹊巢》《驺虞》之德，诸侯之风也，先王之所以教，故系之召公③。 《周南》《召南》，正始之道，王化之基④。

【注释】

①周公：姓姬名旦，周文王的儿子、周武王的弟弟。封于鲁，为鲁国的始祖，曾辅佐周武王讨伐商纣王、平定有关叛乱，有制礼作乐、文治武略之功，为孔子所称赞。

②南：代指《周南》《召南》。

③召公：姓姬名奭，封于燕，为燕国的始祖。

④正始：端正其初始。王化：王德教化。

【译文】

从《关雎》到《麟趾》一编的教化，是王者的风教，所以归属于周公。所谓“南”，是说大王的教化由北而南，即由周岐而达到江汉地区。从《鹊巢》到《驺虞》一编的品德，是诸侯的风化，先王用它来教化百姓，所以归属于召公。《周南》《召南》这二编的国风，都是端正初始的大道理，王德风化的基本。

是以《关雎》乐得淑女以配君子，忧在进贤，不淫其色；哀窈窕[①]，思贤才，而无伤善之心焉。是《关雎》之义也。

【注释】

①哀：即“衷”的误写，《毛诗正义》说：“衷谓中心恕之，无伤善之心，谓好逑也。”

【译文】

所以《关雎》是赞美把贤淑的女子匹配给君子，而忧虑的是如何进举贤才，并非贪恋女色；怜爱静雅的美女，思念贤良的人才，却没有伤风败俗的邪念。这就是《关雎》的要义啊！

六、道德经（节选）

【导读】

《老子》是先秦道家学派代表作之一，对后世影响深远。《老子》共八十一章，分道经和德经两部分，因此又被称为《道德经》。老子是我国古代伟大的哲学家和思想家，是道家学派的创始人，后来被奉为道教的始祖。老子认为，“道”是万物之源，“道生一，一生二，二生三，三生万物”，以此为基础，建立起以“道”为核心的哲学思想体系。他提出“有无相生”的概念，认为事物都处在正反的对立之中，相互依存，相互转化。在政治上，他主张“无为而治”，希望回到“小国寡民”的理想状态中去。

我们所选用的第十一章主要探讨“有”与“无”、“利”与“用”的辩证关系。无空的车轮，不能用；无空的陶器，不能用；无空的房屋，不能住。“有”是提供便利的条件，“无”是发挥作用的关键。二者相互统一、互相依存，缺一不可。这是对人类生存的现象世界规律的高度概括和总结，明乎此方能跳出单一的一极“执”的思维，从而“执两”。而老子重视两极中的“无”，更是成为中国人的思维特点，并深深影响了后世的艺术美学思想。

第五十一章进一步强调“生而不有”的概念。道是万物之母，生养万物，受到万物尊崇，却不占有、不自恃、不主宰，顺应自然规律，这充分体现了道之“德”。人求道、修道，首要的在于学习道的这一德性，惟能如此，也才能进一步明白《老子》中“水善利万物而不争”“圣人处无为之事，行不言之教”的思想。

十一章

三十辐共一毂①，当其无②，有车之用。埏埴以为器③，当其无④，有器之用。凿户牖以为室⑤，当其无⑥，有室之用。故有之以为利⑦，无之以为用⑩。

【注释】

①辐：辐条，车轮上连接车毂与轮圈的木条。毂：车轮中心有圆孔的圆木，其中插轴。

②无：这里指车毂中心的圆孔。

③埏埴：制陶。埏，用水和土。埴，制陶的黏土。

④无：这里指陶器中空。

⑤户牖：门窗。

⑥无：这里指门窗中空。

⑦利：便利。

⑧用：作用。

【译文】

三十根辐条汇集到一个车毂上，有了车毂的中空，才能具有车的作用。把黏土放进模具做成器皿，有了器皿的中空，才能具有器皿的作用。开凿门窗以为房舍，有了门窗的中空，才能具有房舍的作用。因此，有了器物可以带来便利，器物中空才能发挥作用。

五十一章

道生之①，德畜之②，物形之③，势成之④。是以万物莫不尊道而贵德。道之尊，德之贵，夫莫之命而常自然。

故道生之，德畜之，长之育之⑤，成之熟之⑥，养之覆之⑦。生而不有，为而不恃，长而不宰，是谓“玄德”⑧。

【注释】

①道生之：道化生万物。

②德畜之：德养育万物。

③物形之：用不同形态区别万物。

④势成之：在各种环境成就万物。

⑤长之育之：使万物成长发育。

⑥成之熟之：使万物结果成熟。

⑦养之覆之：给万物抚育保护。

⑧玄德：深妙的德性。

【译文】

道化生万物，德养育万物，用不同形态区别万物，在各种环境成就万物。因此，万物没有不尊崇道而以德为贵的。道受到尊崇，德受到珍视，是因为道和德没有对万物发号施令而永远顺应自然。

所以，道化生万物，德养育万物，使万物成长发育，使万物结果成熟，给万物抚育保护。生长万物而不占有，抚育万物而不自恃，长养万物而不主宰，这就叫“玄德”。

七、论语（节选）

【导读】

《论语》是孔子弟子门人记述孔子及其弟子言行的一本著作。从《论语》中，可以窥见孔子的真实面貌，是破除偏见、接触本原的钥匙。它不但包含了孔子学派深刻的思想，也是中华民族精神立足的重要根基和来源。非但儒者不得不读《论语》，普通人亦不得不读《论语》。

孔子，字仲尼，春秋时鲁国人。他是中国历史上伟大的教育家、影响深远的思想家、杰出的政治家、史学家。毫不夸张地说，孔子参与塑造了中华民族的品格。正是因为这些贡献，他才当之无愧地被尊称为孔子。孔子是一个理想主义者，他为了实现理想，终生奔波，周游列国而无立锥之地，广收门人却无赏识之君。他提出的观点，虽然不适应当时争霸战争的需要，却是极其先进而且富人情味的。他的学派在经历了后辈们的多次改良以后，终于被统治者所接受，自此成为唯一的正统思想，长达两千余年。这样的儒家与孔子之说渐行渐远，孔子本人则被捧上神坛，成为麻木的偶像。从这点上看，孔子无疑是一个悲剧人物。

《论语》内涵广泛，讲治学，也讲交友；讲君子之道，也讲小人之行；讲人生经验，也讲上天之命；讲理想主义，也讲现实困境。《论语》之开篇即谓学，学乃人之初，从而奠定了中华民族由“学”成人的根本特性，由学始而成人。儒家思想的核心是“仁”，仁就是人。由仁可以阐发出很多东西，由仁也即由心，发乎本心的意思，这些就是孔子用于教育弟子们的道理，乃为人之根本，对于我们今天来说同样依然受用。或曰志向，或曰德行，或曰心态云尔，尽有于《论语》哉！

子曰[1]："学而时习之，不亦说乎[2]？有朋自远方来，不亦乐乎？人不知而不愠[3]，不亦君子乎？"

【注释】

①子：古代对男子的尊称。《论语》一书中"子曰"都是孔子所讲的话。

②说：同"悦"，高兴、愉快的意思。

③愠：怨恨。

【译文】

孔子说："学了，然后按时实践，不也是很高兴的吗？有志同道合的人从远方来相会，不也是很快乐的吗？别人不了解自己，自己并不生气，不也是君子吗？"

子曰："志于道，据于德，依于仁，游于艺[1]。"

【注释】

①游：游乐、玩习。艺：指礼、乐、射、御、书、数六艺。

【译文】

孔子说："以道为志向，以德为根据，以仁为依托，而活动于礼、乐、射、御、书、数六艺中。"

子曰："参乎！吾道一以贯之[1]。"曾子曰："唯。"

子出。门人问曰："何谓也？"曾子曰："夫子之道，忠恕而已矣[2]！"

【注释】

①贯：统贯。

②忠：谓尽心为人。恕：谓推己及人。

【译文】

孔子说："参呀，我的学说有一个中心思想贯穿其中。"曾子说：

“是。”

孔子出去之后，学生们问曾子说：“这话是什么意思?”曾子说：“先生的学说，忠、恕两个字罢了。”

子曰：“吾十有五而志于学①，三十而立②，四十而不惑，五十而知天命③，六十而耳顺，七十而从心所欲，不逾矩。”

【注释】

①有：通“又”。古人十五岁为入学之年。

②立：指立身行事。

③知天命：懂得天命不可抗拒而听天由命。

【译文】

孔子说：“我十五岁立志于学习，三十岁能依照礼仪的要求立足于世；四十岁不再感到困惑；五十岁能乐天知命；六十岁能听得进各种不同的意见；七十岁能随心所欲地行事，而又从不超出规矩。”

子曰：“饭疏食①，饮水②，曲肱而枕之③，乐亦在其中矣。不义而富且贵，于我如浮云。”

【注释】

①疏食：粗粮。

②水：古时常以“汤”与“水”相对而言，汤是热水，水是冷水。

③肱：胳膊。

【译文】

孔子说：“吃粗粮，喝冷水，弯着胳膊当枕头，快乐也就在其中了！干不正当的事获得的富贵，对我而言就如同天边的浮云。”

八、孝经·开明宗义

【导读】

“百善孝为先”，如果说中国老百姓最为注重的美德是什么，虽然“义”很重要，“信”亦不可少，但真要说起来“孝”定然会排在第一位。一个人有了孝，其他的美德不一定都会有，但一个人如果不孝，则其他的一切美德都为零。

《孝经》是《十三经》中篇幅最短的一部，全文仅一千多字，共十八章，传为孔子“七十子之徒遗言”，也有认为是孔子的嫡孙子思所作。其主要内容是阐释儒家孝道思想，大约出现于战国时代。《吕氏春秋》中有引用《孝经》的文字，故而应成书于《吕氏春秋》之前。现行版本多为唐玄宗李隆基所注。

《孝经·开明宗义》是《孝经》的总章，篇幅虽短，却明确指出“孝”的重要性。“孝，德之本也，教之所由生也。”孝，是人类情感中最为基本的元素，也是作为人而言的德性的根本之所在，是一切教化的品性的根源。在本文中，孔子主要对何为孝和何以孝进行论述，对孝的认识不仅仅局限于“亲亲”之间，进而推论至“事君”，最终成就于“立身”。《孝经》将孝作为人与人之间最基础的相处准则，由孝进而到悌、忠、义、仁，既是每个人身上所必有的朴素情感，也是儒家仁义道德的至高标准。在孔子看来，人生而为人首先是因为父母所授，即“孝之始也”，一切的道德都是因为孝的存在才得以存在。

仲尼居[①]，曾子侍[②]。子曰："先王有至德要道[③]，以顺天下[④]，民用和睦[⑤]，上下无怨。汝知之乎？"曾子避席曰[⑥]："参不敏，何足以知之？"子曰："夫孝，德之本也，教之所由生也[⑦]。复坐，吾语汝。身体发肤，受之父母，不敢毁伤[⑧]，孝之始也。立身行道，扬名于后世，以显父母，孝之终也。夫孝，始于事亲[⑨]，中于事君[⑩]，终于立身[⑪]。《大雅》云：'无念尔祖，聿修厥德。'"

【注释】

①仲尼：孔子的字。居：闲待在家里。

②曾子：曾参，字子舆，孔子的学生。据说曾子非常孝顺父母，孔子认为他可通孝道，因此向他传授关于孝的道理。侍：陪坐。

③先王：先代的圣贤帝王。至德：至善至美的品行和道德。要道：至关重要的道理。

④以顺天下：使天下人心顺从。顺，顺从。

⑤用：因而。

⑥避席：古代的一种礼节。指坐在席上的人起身离开自己的席位，表示对对方的礼貌和尊敬。

⑦教之所由生也：即认为孝是一切道德的根本，一切教育的出发点。

⑧毁伤：毁坏，残伤。

⑨始于事亲：以侍奉双亲为孝行之始。

⑩中于事君：以为君王效忠、服务为孝行的中级阶段。

⑪终于立身：以建功扬名，光宗耀祖为孝行之终。

【译文】

孔子在家中闲坐，曾参在一旁陪坐。孔子说："先代的圣帝贤王，有一种至为高尚的品行、至为重要的道德，用它可以使得天下人心归顺，百姓和睦融洽，上上下下没有怨恨和不满。你知道这是什么吗？"曾子连忙起身离开席位回答说："我生性愚钝，哪里能知道那究竟是什么呢？"孔子说："那就是孝！孝是一切道德的根本，所有品行的教化都是由孝行派生出来的。你还是回到原位去，我讲给你听。一个人的身体、四肢、毛发、皮肤，都是从父母那里得来的，所以要特别地加以爱护，不敢损坏伤残，这是孝的开始，是基本的孝行。一个人要建功立业，遵循天道，扬名于后世，使父母荣耀显赫，这是孝的终了。孝，开始时从侍奉父母做起，中间的阶段是效忠君王，最终则要建树功绩、成名立业，这才是孝的圆满的结果。《大雅》里说：'怎么能不想念你的先祖呢？要努力去发扬光大先祖的美德啊！'"

九、孙子兵法·始计篇

【导读】

《孙子兵法》又称《孙武兵法》，成书于春秋晚期，是由“兵家至圣”孙武所著。孙武（前545？—前470？），齐国乐安（今山东省北部）人。《孙子兵法》是中国最早的兵书，也是世界上最早的军事著作，被誉为“兵学圣典”。全书共有六千余字，共计十三篇，乃孙武由齐至吴，向吴王阖闾进呈的兵法，孙武也因此受到重用，被任命为吴国将领，帮助吴国取得了一系列重大的军事胜利。因为这部书，孙武也被尊为“兵圣”。司马迁评论言：“非信廉仁勇不能传兵论剑，与道同符，内可以治身，外可以应变，君子比德焉。”

本文节选《孙子兵法》中的《始计篇》，本篇乃全书之总要，充分阐释了孙子的兵学思想，在“道”“天”“地”“将”“法”五个范畴中，将战争的规则和致胜之策略通过对这五个范畴的运筹经营，从而使战争的天平倾斜。在战争中，客观条件看似不可选择，但是由于“将”这一因素，使得“道”“天”“地”“法”这些不变量发生趋利的变化。“将者，智、信、仁、勇、严”，“将”的五种品质是在战争中改变战局的主观性因素。“智”“信”“仁”“勇”“严”这五种品质，归根于孙子对于为将者的要求，也是孙子兵法的核心要义。具备这五者，前面的五个范畴才能发挥真正的力量，这种力量就是战争决定性力量。

孙子曰：兵者[①]，国之大事，死生之地[②]，存亡之道[③]，不可不察也[④]。

【注释】

①兵：指战争。

②死生之地：指地形上的死地、生地。

③存亡之道：指战场上的存亡胜败。

④察：考察，研究。

【译文】

孙子说：战争是国家的大事，牵涉生死之地，战场上的存亡胜败，是不能不慎重分析研究的。

故经之以五事[①]，校之以计[②]，而索其情[③]。一曰道[④]，二曰天[⑤]，三曰地[⑥]，四曰将[⑦]，五曰法[⑧]。道者，令民与上同意也[⑨]，故可以与之死，可以与之生，而不畏危也[⑩]。天者，阴阳、寒暑、时制也[⑪]。地者，远近、险易、广狭、死生也[⑫]。将者，智、信、仁、勇、严也。法者，曲制、官道、主用也[⑬]。凡此五者，将莫不闻[⑭]，知之者胜，不知之者不胜。

【注释】

①经之以五事：通过以下五个方面来分析研究。

②校：比较。

③索：探索。情：指实际情况。

④道：道义、品德。这里指在政治方面是否得民心。

⑤天：指天时（气候、时令）方面的条件。

⑥地：指地理条件。

⑦将：将令。这里指统率作战的将帅的谋略以及指挥士兵作战的方法等。

⑧法：军法、法令。这里指军队的编制、将帅的职掌、军备物资的供给等。

⑨上：指国君。同意：同心。

⑩不畏危：不惧怕危险。

⑪阴阳：这里指昼夜、晴雨等气象变化。时制：指春、夏、秋、冬四季。

⑫险易：地势的险阻平坦。死生：这里指死地与生地，即地形是否有利于攻守进退。

⑬曲制：指军队编制制度。官道：指各级将吏的职责划分以及统辖管理制度。主用：掌管物资费用的后勤管理制度。

⑭闻：知道。

【译文】

所以，要通过以下五个方面来研究，比较分析双方的各种条件，考察双方的实际情况，来预测战争胜负的可能性。一是道义，二是天时，三是地理，四是将帅，五是法规。所谓"道义"，就是使民众和君主的心意相同，这样才可以同生共死，而不惧怕危险。所谓"天时"，就是指阴阳、寒暑、春夏秋冬四季。所谓"地形"，就是指路程的远近、地势的险要平坦、战场的广阔狭窄、是生地还是死地等地理条件。所谓"将帅"，就是指将帅的智谋才能、赏罚有信、对部下仁慈关爱、果断勇敢、军纪严明。所谓"法规"，就是指军队组织的编制、将吏责权的划分、军需物资的掌管和供给。对于这五个方面，身为将领要深刻了解。了解的就能胜利，否则就不能取胜。

故校之以计，而索其情。曰：主孰有道[①]**？将孰有能？天地孰得？法令孰行？兵众孰强？士卒孰练？赏罚孰明？吾以此知胜负矣。**

【注释】

①孰：疑问代词，谁，哪一方。

【译文】

所以，要通过双方的考察分析，掌握实际情况，并据此加以比较，从而来预测战争胜负的情形。这就要问：哪一方的君主能得民心？哪一方的将领更有能力？哪一方占有天时地利？哪一方的法规、法令更能严格执行？哪一方的兵力强大？哪一方的士卒训练更加有素？哪一方的赏罚更公正严明？我根据这些分析、比较就可以判明双方的胜负了。

将听吾计①，用之必胜，留之；将不听吾计，用之必败，去之②。

【注释】

①将：虚词，表示假设，犹“如果”。

②去：离开。

【译文】

如果采用我的计策，指挥作战必胜，留之再用；如果不采用我的计策，指挥作战必败，弃之不用。

计利以听①，乃为之势②，以佐其外③。势者，因利而制权也④。

【注释】

①计利：分析后有优势，有利于我。听：听从，采纳。

②势：态势。与“形”相反，多指随机的、能动的东西，如指挥的灵活、士气的勇怯等。

③佐：辅助。外：指国境之外。

④制权：指根据实际利害关系而灵活应变。权，权变，灵活处置。

【译文】

筹划有利并且能得到执行，还要设法造“势”，来协助在外的军事行动。所谓“势”，就是根据实际利害关系而采取相应的措施。

兵者，诡道也[①]。故能而示之不能[②]，用而示之不用，近而示之远，远而示之近。利而诱之，乱而取之[③]，实而备之，强而避之，怒而挠之[④]，卑而骄之[⑤]，佚而劳之[⑥]，亲而离之[⑦]。攻其无备，出其不意。此兵家之胜，不可先传也[⑧]。

【注释】

①诡：诡秘、诡诈。意思是说用兵打仗是一种诡诈的行为。

②示：显示、表示。这里也含有伪装的意思。

③取：指攻取。

④挠：打扰，扰乱。

⑤卑：卑弱而谨慎。

⑥佚：通“逸”，即安逸、安稳，这里是指休整充分的意思。劳：使动用法，使疲劳。

⑦离：离间。

⑧不可先传：不能事先规定。传，传授，在这里可引申为“规定”。

【译文】

用兵作战，就是一种诡诈的行为。因此，能攻却要装出不能攻，要打却要装出不去打，欲从近处攻打却要装出从远处攻打，欲从远处攻打却要装出从近处攻打。对方贪利就要用利益来诱惑他，对方混乱就要趁机攻取他；对方充实就要防备他，对方强大就要躲避他；对方暴躁易恼怒就要骚扰他，对方自卑谨慎就要使他骄傲自大；对方休整充分就要使其劳累，对方内部团结就要设法离间他。攻打对方没有防备之处，在对方没有料到的时机发动进攻。这些都是军事家克敌制胜的诀窍，要在战争中根据实际情况灵活应用，不可能事先做出死板的规定。

夫未战而庙算胜者[1]，得算多也[2]；未战而庙算不胜者，得算少也。多算胜，少算不胜，而况于无算乎！吾以此观之，胜负见矣。

【注释】

①庙算：古时出兵作战之前，都要到宗庙举行仪式，商讨作战计划，这就叫“庙算”。

②得算多：指取得胜利的条件多。算，本指计数用的筹码，这里引申指取得胜利的条件。

【译文】

还没有出兵交战，就在“庙算”上先已获胜，是由于得到的“算筹”较多。还没有出兵交战，就在“庙算”上先已失败，是由于得到的“算筹”较少。得到“算筹”较多的就可能取胜，得到“算筹”较少的就不会取胜，更何况那些没有得到“算筹”的呢？我根据“庙算”的结果来观察，胜负之分就显而易见了。

十、黄帝内经·素问·上古天真论

【导读】

《黄帝内经》分《素问》《灵枢》两部分，是中国传统医学四大经典著作之一（其余三部为《难经》、《伤寒杂病论》和《神农本草经》），是我国最早的一部医学文献。学术界普遍认为此书乃托名黄帝所著，成书年代约在先秦至西汉间，亦有学者认为该书乃是由历代黄老医家传承增补创作而成，不可完全否认此书一定和黄帝无关。《黄帝内经》在以黄帝、岐伯、雷公对话、问答的形式阐述病机病理的同时，主张不治已病，而治未病，同时主张养生、摄生、益寿、延年。在理论上建立了中医学上的“阴阳五行学说”“藏象学说”“病因学说”“养生学说”“药物治疗学说”“经脉治疗学说”等中医学基础理论。直到今天，学习中医以此为入门必读经典。

《素问》共二十四卷八十一篇，主要通过黄帝与岐伯等人的“对问”来阐明医理，着重论述了阴阳、藏象、经络、病因、病机、诊法、治则等医学理论。

本文节选的《上古天真论》是《素问》的第一篇。“上古”指远古时代，“天真”指的是先天所赋真元之气。本篇首先借黄帝、岐伯的对话，说明人们必须要注重养生之道，“法于阴阳，和于术数，食饮有节，起居有常”，生活习惯符合天地道法的规律，才能“形与神俱”，延年益寿。随后，本篇论述了人体生长壮老这一生理过程和生育能力的变化规律。最后，本篇提出了“真人”“至人”“贤人”的概念，这些人都能合乎自然规律，最终超脱于世俗，是常人的修炼目标。

昔在黄帝[1]，生而神灵[2]，弱而能言，幼而徇齐[3]，长而敦敏[4]，成而登天。

【注释】

①黄帝：传说中的古代帝王。学者认为黄帝为中华民族始祖，古代许多文献，常冠以“黄帝”字样，以示学有根本。

②神灵：聪明而智慧。

③徇齐：指思维敏捷，理解事物迅速。徇，通“睿”，迅疾。齐，敏捷。

④敦敏：敦厚，勤勉。

【译文】

古代的轩辕黄帝，生来就异常聪明，小时候就善于言辞，很小的时候就对事物有着敏锐的洞察力，长大后敦厚朴实而又勤勉努力，到了成年就登上了天子位。

乃问于天师曰[1]：“余闻上古之人，春秋皆度百岁[2]，而动作不衰；今时之人，年半百而动作皆衰者。时世异耶？人将失之耶？”

岐伯对曰：“上古之人，其知道者[3]，法于阴阳[4]，和于术数[5]，食饮有节，起居有常，不妄作劳，故能形与神俱[6]，而尽终其天年[7]，度百岁乃去。今时之人不然也，以酒为浆，以妄为常，醉以入房，以欲竭其精，以耗散其真[8]。不知持满，不时御神[9]，务快其心，逆于生乐，起居无节，故半百而衰也。

【注释】

①天师：黄帝对岐伯的尊称。

②春秋：指人的年龄。

③知道：懂得养生的道理。

④法：取法，效法。阴阳：天地变化的规律。

⑤术数：指调养精气的养生方法。

⑥形与神俱：形体与精神活动一致。古人认为人是形与神的统一体，养生的要义就是要保证形与神的统一。

⑦天年：人的自然寿命。

⑧精：精气。真：真气。《黄帝内经》继承了道家精气论自然观，认为包括人在内的万物由精气所化生，养生之道重在保养真精。

⑨御神：控制精神过度思虑，以免过度消耗精气。

【译文】

黄帝问岐伯道：“我听说上古时代的人，年龄都超过了百岁，但行动没有衰老的迹象；现在的人，年龄到五十岁，动作就显得衰老了。这是时代的不同呢？还是人们违背了养生之道的缘故呢？”

岐伯回答说：“上古时代的人，大都懂得养生之道，他们取法天地阴阳的变化规律，用保养精气的方法来调和，饮食有节制，起居有规律，不过分劳作，所以形体和精神能够协调统一，享尽自然的寿命，度过百岁才离开世间。现在的人就不同了，把烈酒当作甘泉般地贪饮，把任意妄为当作生活的常态，醉后还勉强行房，纵情声色，以致精气衰竭，真气耗散。不懂得保持精气的盈满，不明白避免劳神，一味追求感官快乐，违背了生命的真正乐趣，起居没有规律，所以五十岁左右就衰老了。

“夫上古圣人之教下也①，皆谓之。虚邪贼风②，避之有时，恬惔虚无③，真气从之，精神内守，病安从来？是以志闲而少欲，心安而不惧，形劳而不倦。气从以顺，各从其欲，皆得所愿。故美其食④，任其服，乐其俗，高下不相慕，其民故曰朴。是以嗜欲不能劳其目，淫邪不能惑其心。愚智贤不肖不惧于物⑤，故合于道。所以能年皆度百岁而动作不衰者，以其德全不危也。”

【注释】

①圣人：古代指道德修养极高的人。

②虚邪贼风：四时不正之气。虚邪，中医把一切致病因素称为邪。四时不正之气乘人体气虚而侵入致病，故称“虚邪”。贼风，中医认为风为百病之长，因邪风伤人，故称“贼风”。

③恬惔虚无：清静安闲，无欲无求。

④美其食：以下五句，源自《老子·八十章》：“甘其食，美其服，安其居，乐其俗。邻国相望，鸡犬之声相闻，民至老死不相往来。”

⑤不惧于物：即“不攫于物”，不追求酒色等外物。

【译文】

“上古时期，对通晓养生之道的圣人的教诲，人们都能遵守。对于四时不正之气，能够及时回避，思想上清静安闲，无欲无求，真气深藏顺从，精神持守于内而不耗散，这样，疾病怎么会发生呢？所以他们心志闲淡，私欲很少，心情安宁，没有恐惧，形体虽然劳动，但不过分疲倦。真气从容和顺，每个人的希望和要求，都能满足。无论吃什么都觉得甜美，穿什么都觉得漂亮，喜欢社会习俗，互相之间也不羡慕地位的高低，人们日渐变得自然朴实。所以过度的嗜好，不会干扰他的视听，淫乱邪说也不会惑乱他的心志。无论愚笨聪明有能力无能力的，都不追求酒色等身外之物，所以合于养生之道。因而他们都能够度过百岁而动作不衰老，这是因为他们的养生之道完备而无偏颇的缘故。”

帝曰：“人年老而无子者，材力尽邪①？将天数然也②？”

岐伯曰：“女子七岁，肾气实，齿更发长。二七而天癸至，任脉通③，太冲脉盛④，月事以时下，故有子。三七，肾气平均，故真牙生而长极⑤。四七，筋骨坚，发长极，身体盛壮。五七，阳明脉衰⑥，面始焦，发始堕。六七，三阳脉衰于上⑦，面皆焦，

发始白。七七，任脉虚，太冲脉衰少，天癸竭，地道不通[8]，故形坏而无子也。

【注释】

①材力：筋力。

②天数：天赋之数，即天癸之数。指自然的生理变化规律。中医认为人的生殖能力根源于肾，肾在五行属水，属天干之“癸”，故生殖之精也称为“天癸”。

③任脉：奇经八脉之一，循行路线为人体前正中线，从百会穴至会阴穴。主调月经，妊育胎儿。任，接受的意思，受纳经络之气血。任脉受纳一身阴经之气血，故名任脉。

④太冲脉：奇经八脉之一，能调节十二经的气血，主月经。

⑤真牙：智齿。

⑥阳明脉：指十二经脉中的手阳明、足阳明经脉。

⑦三阳脉：指会于头部的手足太阳、手足阳明、手足少阳六条经脉。

⑧地道不通：指女子绝经。女子属阴、属地，所以女性的生理功能称为“地道”。

【译文】

黄帝问道：“人年老了，就不能再生育子女，是筋力不足呢？还是自然的生理变化规律呢?”

岐伯回答说：“女子到了七岁，肾气开始充实，牙齿更换，头发生长。到了十四岁时，天癸发育成熟，任脉畅通，冲脉旺盛，月经按时而来，所以能够孕育子女。到了二十一岁，肾气平和，智齿生长，身高长到最高点。到了二十八岁，筋骨坚强，毛发长到了极点，身体非常强壮。到了三十五岁，阳明经脉开始衰微，面部开始枯槁，头发也开始脱落。到了四十二岁，三阳经脉之气从头部开始都衰退了，面部枯槁，头发变白。到了四十九岁，任脉空虚，太冲脉衰微，天癸枯竭，月经断绝，所以形体衰老，不能再生育儿女了。

“丈夫八岁，肾气实，发长齿更。二八，肾气盛，天癸至，精气溢泻，阴阳和①，故能有子。三八，肾气平均，筋骨劲强，故真牙生而长极。四八，筋骨隆盛，肌肉满壮。五八，肾气衰，发堕齿槁。六八，阳气衰竭于上，面焦，发鬓颁白。七八，肝气衰，筋不能动。八八，天癸竭，精少，肾脏衰，则齿发去，形体皆极②。肾者主水，受五脏六腑之精而藏之，故脏腑盛，乃能泻。今五脏皆衰，筋骨解堕，天癸尽矣，故发鬓白，身体重，行步不正，而无子耳。”

【注释】

①阴阳和：此处阴阳指男女。和，和合，交媾。

②形体皆极：形体衰弱至极。

【译文】

“男子八岁时，肾气开始充实，头发生长，牙齿更换。到了十六岁时，肾气盛满，天癸发育成熟，精气充满，如男女交合，就能生育子女了。到了二十四岁，肾气平和，筋骨强劲，智齿生长，身高也长到最高了。到了三十二岁，筋骨粗壮，肌肉充实。到了四十岁，肾气开始衰退，头发开始脱落，牙齿干枯。到了四十八岁，人体上部阳明经气衰竭了，面色憔悴，发鬓斑白。到了五十六岁，肝气衰，筋脉迟滞，手足运动不灵活了。到了六十四岁，天癸枯竭，精气少，肾脏衰，牙齿头发脱落，身体非常衰弱。人体的肾脏主水，它接受五脏六腑的精华以后贮存在里面，所以脏腑旺盛，肾脏才有精气排泄。现在年龄大了，五脏皆衰，筋骨无力，天癸竭尽，所以发鬓斑白，身体沉重，走路不稳，不能再生育子女。”

帝曰：“有其年已老而有子者何也?”

岐伯曰：“此其天寿过度①，气脉常通，而肾气有余也。此虽有子，男不过尽八八，女不过尽七七，而天地之精气皆竭矣②。”

【注释】

①天寿：先天禀赋，即上文之“天年”。

②天地：指男女。

【译文】

黄帝问道：“有人年纪已很大，还能生育子女，这是什么道理?”

岐伯说：“这是因为他的先天禀赋超过了常人，气血经脉畅通，而肾气有余。虽然能够生育，但在一般情况下，男子不超过六十四岁，女子不超过四十九岁，到这个岁数男女的精气都穷尽了。”

帝曰：“夫道者年皆百数，能有子乎?”

岐伯曰：“夫道者，能却老而全形，身年虽寿，能生子也。”

【译文】

黄帝问：“养生有成的人，年纪都达百岁，能不能生育呢?”

岐伯说：“善于养生的人，能够推迟衰老，保全身体如壮年，所以即使年寿很高，仍然能生育。”

黄帝曰：“余闻上古有真人者①，提挈天地②，把握阴阳。呼吸精气③，独立守神，肌肉若一。故能寿敝天地，无有终时。此其道生。

【注释】

①真人：至真之人。谓养生修养最高的一种人。《黄帝内经》依养生成就之高低分为真人、至人、圣人、贤人四种。

②提挈天地：带领天地共同变化。

③呼吸精气：吐故纳新，汲取天地精气的导引行气方法。

【译文】

黄帝说：“我听说上古时代有真人，他能带领天地共同变化，把控掌握阴阳变化，自由地呼吸天地之间的精气来保守精神，身体与精神合而为一。所以寿命就与天地相当，没有终了之时。这就是因得道而长生。

“中古之时，有至人者[①]，淳德全道，和于阴阳[②]。调于四时[③]，去世离俗。积精全神，游行天地之间，视听八达之外。此盖益其寿命而强者也。亦归于真人。

【注释】

①至人：指修养高，仅次于真人的人。

②和于阴阳：符合阴阳变化之道。

③调于四时：适应四时气候的变化。

【译文】

“中古时代有至人，他道德淳朴完美，阴阳和谐调适。适应四时气候的变迁，避开世俗的喧闹。积养精力，全其神气，悠游于天地之间，所见所闻，能够广及八方荒远之外。这是能够延长寿命、身体强健的人。这种人也属于真人。

“其次有圣人者，处天地之和，从八风之理[①]，适嗜欲于世俗之间，无恚嗔之心[②]。行不欲离于世，举不欲观于俗。外不劳形于事，内无思想之患。以恬愉为务[③]，以自得为功。形体不敝，精神不散，亦可以百数。

【注释】

①八风：指东、南、西、北、东南、西南、西北、东北八方之风。

②恚嗔：生气。

③恬愉：清静愉悦。

【译文】

“其次有圣人，与天地和平相处，顺从八风的变化规律，调整自己的爱好以适合世俗习惯，从来不生气。行为不脱离世俗，但举动又不仿效世俗而保有自己独特的风格。在外不使身体为事务所劳，在内不使思想有过重负担。以清静愉悦为本务，以悠然自得为目的。所以形体毫不衰老，精神也不耗散，年寿也可以达到百岁。

“其次有贤人者，法则天地，象似日月。辩列星辰[①]，逆从阴阳[②]。分别四时，将从上古。合同于道，亦可使益寿而有极时。”

【注释】

①辩：通“辨”，分辨。

②逆从阴阳：顺从阴阳升降的变化。逆从，偏义复词，意偏于从。

【译文】

“其次有贤人，能效法天地的变化，取象日月的升降。分辨星辰的运行，顺从阴阳的消长。根据四时气候的变化来调养身体，追随上古真人。以求合于养生之道，这样也可以延长寿命而接近自然的天寿。”

十一、墨子·节用中

【导读】

墨子（生卒年不详），名翟，是我国先秦时期著名的思想家、政治家，墨家学派的创始人。《墨子》原书七十一篇，现存五十三篇，由墨子的门徒及再传门徒记录、整理、编纂而成。该书记录了墨子一生的言行，是一部阐述墨家思想的名著。在战国时期，墨家与儒家并称显学。墨子生活在战争频仍的春秋战国之际，此一特殊的历史背景使得墨子思想带有明显的底层苦行的色彩。墨子主张尚贤、尚同、兼爱、非攻、节用、节葬等理念，以兼爱为核心，以节用、尚贤为支点。《墨子》中还包含几何学、物理学、光学等许多自然科学的内容。墨子死后，墨家分为相里氏之墨、相夫氏之墨、邓陵氏之墨三个学派。

本篇节选自《墨子·节用中》。《节用》篇是墨子“节用”思想的集中体现，节用的核心在于物尽其用，能满足基本需求即可。凡是不实用、不能使人民获利的，都无须去做。墨子认为明王圣人都“爱民谨忠，利民谨厚”，因此才能“王天下、正诸侯”。“利民”在于实行“节用之法”“饮食之法”“衣服之法”“舟车之法”，不奢侈浪费。技艺“足以奉给民用”，不必追求精巧。饮食“足以充虚继气，强股肱，耳目聪明”，不必追求味道鲜美、礼仪繁复。冬服轻且暖，夏服轻且清，不必追求精美。舟车足以行驶，不必追求华丽。春秋战国时期有些统治者穷奢极欲，大量耗费百姓的民力财力，使人民生活陷于困境。本篇实际上是墨子对于这种现象的不满与抨击。

子墨子言曰：古者明王圣人，所以王天下、正诸侯者，彼其爱民谨忠[①]，利民谨厚，忠信相连，又示之以利，是以终身不餍[②]，殁世而不卷[③]。古者明王圣人，其所以王天下、正诸侯者，此也。

【注释】

①谨：当为“勤”，尽心。

②餍：满足，终止。

③殁世：即“没世”，指终身。卷：当为“倦”，厌倦。

【译文】

墨子说：古代贤明的君主圣人，所以能够称王于天下、匡正诸侯的原因，是因为他们衷心地爱护百姓，宽厚地为百姓谋利，既忠于职守、讲诚信，又使人民看到利益，所以人民对君王终身不厌弃，毕生而不倦怠。古代贤明的君王和圣人，他们称王天下、匡正诸侯的原因正在于此。

是故古者圣王，制为节用之法[①]，曰：“凡天下群百工，轮、车、鞼、匏、陶、冶、梓匠[②]，使各从事其所能。”曰：“凡足以奉给民用，则止。”诸加费不加于民利者，圣王弗为。

【注释】

①节用：据下文例当为“器用”。

②轮、车：指木工。轮，造车轮。车，造车。鞼、匏：皮革工匠。鞼，有文采的皮革。匏，通“鞄”，制革工匠。

【译文】

因此，古代圣明的君王制定了制造日用器物的法则，说：“凡是天下的百工，造轮的、造车的、制皮革的、烧陶器的、铸五金的、做木器的匠人，让他们去从事各自所能从事的。”说：“凡是足以供给百姓使用了，就停止。”各种只增加费用而不增加百姓利益的事情，圣明的君王是不做的。

古者圣王制为饮食之法，曰：“足以充虚继气[①]，强股肱，耳目聪明，则止。”不极五味之调、芬香之和，不致远国珍怪异物[②]。何以知其然？古者尧治天下，南抚交阯[③]，北降幽都[④]，东西至日所出入[⑤]，莫不宾服。逮至其厚爱[⑥]，黍稷不二，羹胾不重[⑦]，饭于土熘[⑧]，啜于土形[⑨]，斗以酌。俯仰周旋威仪之礼[⑩]，圣王弗为。

【注释】

①继：当为“增”。

②致：取得，得到。珍怪：奇异。

③抚：安抚。交阯：当为“交趾”，古地名，即今越南。

④降：当为“际”，接近。

⑤日所出入：指太阳升起和落下的地方。

⑥厚爱：指其身所受。爱，当作“受”。

⑦胾：切成大块的肉。不重：谓肉块或肉汤只吃一种。

⑧土熘：盛饭的瓦器。

⑨啜：饮，喝。形：羹器。

⑩周旋：指古代行礼时进退揖让的动作。威仪：指古代典礼中的容貌举止和仪式。

【译文】

古代圣明的君王制定饮食的法则，说：“能够充实肠胃，增补血气，强健四肢，让耳朵眼睛聪明，就停止。”不追求五味调和、气味芳香，不追求遥远国家的珍奇异品。怎么知道是这样的呢？古代尧治理天下，南面安抚交趾，北面连接着幽都，东面和西面直到太阳升起和落下的地方，没有不臣服的。但说到他最大的享受，不过是黍和稷之中只吃一种，肉块和肉汤只吃一种，用瓦器盛饭，用瓦盆盛汤，用木勺喝酒。那些俯仰进退揖让的繁复的礼节，圣明的君王是不做的。

古者圣王制为衣服之法，曰："冬服绀緅之衣[①]，轻且暖；夏服絺绤之衣[②]，轻且清，则止。"诸加费不加于民利者，圣王弗为。

【注释】

①绀：深青带红的颜色。緅：红青色。

②絺：细葛布。绤：粗葛布。

【译文】

古代圣明的君王制定做衣服的法则，说："冬天穿深青中带红色的衣服，轻便而且暖和；夏天穿粗、细葛布做的衣服，轻巧而且凉爽，这样就可以了。"各种只增加费用而不增加百姓利益的事情，圣明的君王是不做的。

古者圣人为猛禽狡兽暴人害民[①]，于是教民以兵行[②]，日带剑。为刺则入，击则断，旁击而不折[③]，此剑之利也[④]。甲为衣则轻且利，动则兵且从[⑤]，此甲之利也。车为服重致远，乘之则安[⑥]，引之则利[⑦]，安以不伤人，利以速至，此车之利也。古者圣王为大川广谷之不可济[⑧]，于是利为舟楫[⑨]，足以将之则止[⑩]。虽上者三公诸侯至，舟楫不易，津人不饰，此舟之利也。

【注释】

①为：因为。狡：健。

②兵：兵器。

③旁：别的。

④利：益处，好处。

⑤兵：便利。

⑥安：安稳。

⑦引：牵引，拉。

⑧济：渡。

⑨利：当为“制”。

⑩将：行。

【译文】

古代的圣人因为凶猛的鸟兽伤害人民，所以教人民做兵器，每天带着剑行走。用剑来刺就能进入，用来劈斩就能砍断，旁物击打也不会折断，这就是剑的益处。铠甲作为衣服，轻巧而且便利，行动时方便自如，这就是铠甲的益处。车辆装载着重的东西到达远方，乘坐着很安稳，拉起来很便利，安稳就不会伤害人，便利就可以快速地到达，这就是车辆的益处。古代圣明的君王因为宽广的河流不能渡过，所以制造船和桨，足以渡河就可以了。即使是王公贵族诸侯来了，船和桨不改变，划船的人不加修饰，这就是船的益处。

古者圣王制为节葬之法，曰：“衣三领[①]，足以朽肉[②]；棺三寸[③]，足以朽骸[④]。堀穴深不通于泉[⑤]，流不发泄，则止[⑥]。死者既葬，生者毋久丧用哀。”

【注释】

①领：衣领。这里引申为衣服的件数。

②朽：烂。

③棺三寸：指棺木厚三寸。

④骸：尸骨。

⑤堀：应为“窟”。

⑥流：臭气。泄：流出，散发。

【译文】

古代圣明的君王制定了丧葬的法则，说：“衣服三套，足以穿到肉体腐烂，棺木三寸，足以用到尸骨腐烂。墓穴的深度不达到地泉，不让腐烂的气味散发到地面上就可以停止了。死去的人被安葬以后，活着的人就不要长久地服丧致哀追悼。”

十二、大学（节选）

【导读】

《大学》本是《小戴礼记》第四十二篇的内容，传为曾子所作，实为秦汉儒家作品。《小戴礼记》与《仪礼》《周礼》并入三礼，列入《十三经》，并独占《十三经》中《礼记》的名称。南宋朱熹作《大学章句》，从此《大学》一篇便从《礼记》中独立出来，和《中庸》《论语》《孟子》合称为“四书”。

古代中国读书分大学和小学。小学指的是文字、音韵和训诂之学，当然也包括洒扫问对等人生准则，这主要是为长大后做学问打下坚实的基础。大学，乃“志于道”的学问，是从十五岁开始“内圣外王”之学，所以，大学也就是成就大人之学，是志向的开始，从而奠定人之一生的人生目标。

本文是《大学》开篇第一章，重在讲述“大学”的宗旨，即何以为“大人之学”。根据朱熹的《大学章句》的看法，本文主要提出“三纲领”“八条目”的重要理念。所谓“三纲领”是指明明德、新民、止于至善，“八条目”则是指格物、致知、诚意、正心、修身、齐家、治国、平天下。这些理念的核心汇集于一点：“致知在格物”“物格而后知至”——“格物”。“格物”即“八条目”的根本，也是原初点，不能通晓“格物”便不能达到“平天下”的最终目标，也不可能达到“至善”的境界。

大学之道[①]，在明明德[②]，在亲民[③]，在止于至善[④]。知止而后有定[⑤]，定而后能静，静而后能安，安而后能虑，虑而后能得。物有本末[⑥]，事有终始。知所先后，则近道矣。

【注释】

①大学：相对于小学而言的“大人之学”。古代八岁入小学，学习“洒扫应对进退、礼乐射御书数”等文化基础知识和礼节；十五岁入大学，学习“穷理正心，修己治人”的学问。

②明明德：前一个“明”字作使动词用，即“使彰明”，也就是发扬、弘扬的意思；后一个“明”字是形容词，明德，即光明正大的德性。

③亲民：“亲”当作“新”，即革新、自新。新民，使人弃旧图新、去恶从善。

④至善：最完善的境界。

⑤知止：知道目的地。

⑥本末：本是根，末是梢，即根本与枝末。这是古代重要的哲学概念。

【译文】

大学的宗旨，在于弘扬光明正大的品德，在于使人弃旧向新，在于使人的道德达到最完善的境界。知道应达到的境界才能够志向坚定，志向坚定才能够沉静，沉静才能够心神安定，心神安定才能够思虑详审，思虑详审才能够有所收获。每样东西都有根本有枝末，每件事情都有开始有终结。知道了这本末始终的次序，就接近事物发展的规律了。

古之欲明明德于天下者，先治其国；欲治其国者，先齐其家[①]；欲齐其家者，先修其身[②]；欲修其身者，先正其心；欲正其心者，先诚其意；欲诚其意者，先致其知[③]；致知在格物[④]。

【注释】

①齐其家：治理好自己的家庭或家族。

②修其身：修养自身的品性。

③致其知：使自己获得知识。

④格物：认识、研究万事万物的道理。

【译文】

古代那些想要在天下弘扬光明正大品德的人，先要治理好自己的国家；想要治理好自己的国家，先要管理好自己的家庭和家族；想要管理好自己的家庭和家族，先要修养自身的品性；想要修养自身的品性，先要端正自己的心思；想要端正自己的心思，先要使自己的意念真诚；想要使自己的意念真诚，先要使自己获得知识；获得知识的途径在于认识、研究万事万物的道理。

物格而后知至，知至而后意诚，意诚而后心正，心正而后身修，身修而后家齐，家齐而后国治，国治而后天下平。

【译文】

通过对万事万物道理的认识、研究后，才能获得知识；获得知识后，意念才能真诚；意念真诚后，心思才能端正；心思端正后，才能修养品性；品性修养后，才能管理好家庭和家族；管理好家庭和家族后，才能治理好国家；治理好国家后，天下才能太平。

自天子以至于庶人[1]，壹是皆以修身为本[2]。其本乱，而末治者否矣。其所厚者薄，而其所薄者厚[3]，未之有也[4]。

【注释】

①庶人：指平民百姓。

②壹是：都是。本：根本。

③其所厚者薄：当重视的不重视。薄者厚：不该重视的反加以重视。

④未之有也：即“未有之也”，没有这样的道理。

【译文】

上自一国君主，下至平民百姓，人人都要以修养品性为根本。若这个根本被扰乱了，家庭、家族、国家、天下要治理好是不可能的。如果不分先后、轻重、缓急，本末倒置，将应该重视的事情忽略了，应忽略的事情却重视起来，想要达到治国、平天下的目的，这也是从来没有的事。

十三、中庸（节选）

【导读】

《中庸》是中国古代名篇之一，原是《礼记》中的一篇。唐代韩愈注意到《大学》《中庸》，再加上程颢、程颐的推动，最后朱熹把《中庸》《大学》《论语》《孟子》合在一起，称为“四书”，并为之作章句集注，确立了《中庸》的地位。儒学，特别是理学，许多命题都出自《中庸》。至于《中庸》的作者，司马迁在《史记·孔子世家》中提到“子思作中庸”，子思即孔子之嫡孙孔伋。

朱熹将“中庸”解释为“中者，不偏不倚、无过不及之名。庸，平常也”。这里我们选用的分别为《中庸》的第一章、第二十五章和第二十七章。

第一章是全篇纲要，先讲到天命，即个人的禀赋，是含有道德内容的性。在日常生活中，人人都需要遵守各自的性。对此加以引导，便是教化。本篇也提出了“中和”的概念，“喜怒哀乐之未发”叫作“中”，“发而皆中节”叫作“和”，人人都达到“中和”的境界，则天地万物都各在其位，自然生长。

第二十五章则着重强调“诚”的重要性，“诚者，物之终始，不诚无物”。“诚”不仅仅是内化的道德，也是物之为物的根本，更是人自身外化的行为，即“诚之”。

第二十七章主要介绍圣人之道。圣人之道，必须由道德高尚的人来施行。这就要求君子“尊德性而道问学”，两者不可偏废，最终才能成就大道。

第一章

天命之谓性[①]，率性之谓道[②]，修道之谓教[③]。

道也者，不可须臾离也[④]，可离非道也。是故君子戒慎乎其所不睹[⑤]，恐惧乎其所不闻。莫见乎隐[⑥]，莫显乎微。故君子慎其独也[⑦]。

喜怒哀乐之未发[⑧]，谓之中[⑨]；发而皆中节[⑩]，谓之和。中也者，天下之大本也；和也者[⑪]，天下之达道也[⑫]。致中和[⑬]，天地位焉[⑭]，万物育焉[⑮]。

【注释】

①天命：自然所赋予的。性：指天然赋予人的禀赋。

②率性：遵循人的自然禀赋。率，遵循、依照、顺从的意思。道：原义为“道路”，引申为“道理”，一般指事物运动变化的普遍规律。《中庸》所讲的道，系兼指天道和人道而言，但主要是指人道。所谓天道，就是宇宙自然运行的客观规律；所谓人道，就是人类社会发展的普遍规律。

③修：修养、推行。教：教育、教化、教养的意思。儒家一向主张对百姓进行伦理教化，以使他们的言行符合道德规范。

④须臾：片刻，一会儿。

⑤君子：指有教养、有知识、有道德的人。不睹：看不见的地方。睹，看见。

⑥见：同“现”，显现，表现出来。隐：暗处，深处，不易被人觉察的地方。

⑦慎其独：慎独是儒家的一种“内求”的道德修养方法。慎，慎重，谨慎。独，指一人独处之时。

⑧发：表现出来，流露出来。

⑨中：儒家的重要哲学范畴，意为不偏不倚、无过无不及，指处理事情达到恰如其分、适得事理之宜的适中状态。

⑩中节：符合天然赋予人的本性，即符合常理，符合道德规范。中，符合的意思。节，节度的意思。

⑪和：儒家的重要哲学范畴，意为协调、和谐，指多种事物的协调统一。

⑫达道：一切事物遵循的普遍规律。这里指人们共同遵行的原则。

⑬致：达到的意思。

⑭位：位置，这里用作动词，即各在其位、安于所处的位置的意思。

⑮育：成长发育，生生不息。

【译文】

天然赋予人的禀赋叫作“性”，遵循本性自然发展的规律而行动叫作“道”，把道加以修明并推广于民众叫作“教”。

作为道，是人们片刻不可离开的；可以离开的，也就不是道了。正因为如此，道德高尚的君子在没有人看见的时候也总是谨慎检点，在没有人听见的地方也总是心怀恐惧，不敢怠慢。没有比处于隐蔽的时候更容易表现出本色，没有比在细节的事情中更容易显露出真情。所以，道德高尚的君子总是更加小心谨慎地对待一人独处的时候。

欢喜、愤怒、悲哀、快乐等各种感情还没有表现出来，就叫作“中”；表现出来时，没有太过和不及，都能恰如其分地符合于自然之理，就叫作“和”。所谓“中”，是天下一切道理的最大根本所在，所谓“和”，是天下一切事物最普遍的规律。能够达到“中和”的境界，那么天地就可以各就其位而运行不息，万物便能够各随其性而生长发育了。

第二十五章

诚者，自成也①；而道，自道也②。诚者③，物之终始，不诚无

物。是故君子诚之为贵。诚者，非自成己而已也[4]，所以成物也。成己，仁也；成物，知也。性之德也，合外内之道也[5]。故时措之宜也[6]。

【注释】

①自成：自我成全，自我完善。

②自道：自我引导。道，通“导”，引导。

③诚：这里的“诚”是从哲学意义上说，系指贯穿于一切事物之中的实理。

④成己：让自己有所成就。

⑤合外内之道也：“外”指外在的事物；“内”指内心的德性。这句话是说，诚是把外在的事物与内在的德性合而为一的基本原则。

⑥措：措置，实行。宜：适宜，合理。

【译文】

所谓真诚，是用以自我完善的基础；而所谓中庸之道，则是用以引导自己的准则。真诚，贯穿于一切事物的始终；没有真诚，也就没有万事万物。所以，君子以达到真诚为最宝贵。真诚，并非只是达到自我完善就可以罢休的，还要用来成就万事万物。达到自我完善，是仁德的实现；成就万事万物，是智慧的体现。真诚是人性当中固有的品德，是把外在的事物和内在的德性融合为一的基本原则。因此，随时加以运用都无不适宜。

第二十七章

大哉，圣人之道[1]！洋洋乎[2]，发育万物，峻极于天[3]。优优大哉[4]！礼仪三百[5]，威仪三千[6]，待其人而后行[7]。故曰：苟不至德[8]，至道不凝焉[9]。故君子尊德性而道问学[10]，致广大而尽精微，极高明而道中庸，温故而知新[11]，敦厚以崇礼[12]。是故居上不

骄，为下不倍[13]。国有道，其言足以兴；国无道，其默足以容[14]。《诗》曰："既明且哲[15]，以保其身。"其此之谓与。

【注释】

①圣人之道：即后面的"至道"，也就是至诚之道和中庸之道。

②洋洋乎：浩浩荡荡，广大、丰富、充沛的样子。

③峻：高大挺拔。

④优优：宽裕充足的样子。

⑤礼仪：又称经礼，指礼的大纲，是古代礼制中的主要规则，即《周礼》所载的典章制度之属。

⑥威仪：礼的细目，是古代礼制中的日常礼节。

⑦其人：一定的、适当的人，指后面所说的有"至德"的人。

⑧苟：如果，假如。

⑨凝：凝聚，集中。

⑩道：这里是讲求、致力于的意思。

⑪故：旧有的、已经掌握了的知识。新：新的、尚未掌握的知识。

⑫敦厚：朴实忠厚。崇：推崇，崇尚。

⑬倍：同"背"，违背。

⑭默：沉默。容：为避免遭受祸端的容身之处。

⑮哲：智慧。

【译文】

真是伟大啊，圣人的道理！它浩浩荡荡充满天地之间，生成万物并使之充分地发育成长，极其崇高而上达于天。真是宽裕丰富而广大啊！礼的大纲有三百多项，礼的细目有三千多条，必须要等待圣贤之人出现，然后才能加以实行。所以说：如果不是具有至高德行的人，至高的大道也就不会凝聚在他的身上。所以君子既要尊崇天赋的固有德性，又要致力于好问勤学；既要达到道的宽广博大的宏观境界，又要穷尽道的精微细致的微观境界；既要追求极其高明深奥的道理，又必须符合适得事理之宜的平凡的道理；随时温习已经掌握了的知识，并由此进而获取新的知识；应以忠厚朴实的本质为基础，然后又崇尚礼仪来加以修养。因此，君子身居上位而不骄傲，身居下位而无所违背。国家政治清明的时候，他能出谋划策足以使国家兴盛；国家政治昏乱的时候，他能沉默不语足以容身自保。《诗经·大雅·烝民》中说：“既通达道理，又很有智慧，就能保全自身。”大概说的就是这个意思吧。

十四、山海经·海经·海内南经

【导读】

《山海经》是我国先秦典籍中相当特殊的一部，它富于想象，涵盖甚广。它记述了古代地理、物产、神话、巫术、宗教的知识，也包含了古史、医药、民俗、民族等方面的内容。《山海经》并非成于一时一人之手，而是经过增益成书的。古时的《山海经》还附有图画，但现在已经失传了。

《山海经》是以山为经，以海为纬来记述的。全书共 18 篇，分别是《五藏山经》5 篇、《海外经》4 篇、《海内经》4 篇、《大荒经》5 篇。《山海经》所记的内容，范围很广，刘歆《上〈山海经〉表》中说："（《山海经》）内别五方之山，外分八方之海，纪其珍宝奇物，异方之所生，水土草木禽兽昆虫麟凤之所止，祯祥之所隐，及四海之外，绝域之国，殊类之人。"全书记载了一百多个邦国，五百五十座山，三百多条水道，以及这些邦国、山水的地理关系、风土民俗和重要物产。它还记载了一百多个历史人物，以及这些人物的事迹或世系。《山海经》中还保存了大量流传甚广的神话故事，如"精卫填海"（《北山经》）、"夸父逐日"（《大荒北经》）、"大禹治水"（《大荒北经》）等。

我们所选用的《海内南经》记载了南部文明，记述顺序由西至东。主要介绍了一些南部的国家，如三苗国、交胫国等；还记载了一些南部的生物，如比翼鸟、毕方鸟等。本篇还保留了羿与凿齿战于寿华之野的神话故事。

今人对《山海经》有全新的研究和见解，具体可参见刘宗迪：《失落的天书：〈山海经〉与古代华夏世界观》。

卷十 · 海内南经

海内东南陬以西者。

瓯居海中[1]。闽在海中[2]，其西北有山。一曰闽中山在海中。

三天子鄣山在闽西海北[3]。一曰在海中。

桂林八树在番隅东[4]。

伯虑国、离耳国、雕题国、北朐国皆在郁水南[5]。郁水出湘陵南海。一曰相虑。

枭阳国在北朐之西[6]，其为人人面长唇，黑身有毛，反踵，见人笑亦笑，左手操管。

兕在舜葬东[7]，湘水南，其状如牛，苍黑，一角。

苍梧之山，帝舜葬于阳，帝丹朱葬于阴。

氾林方三百里[8]，在狌狌东。

狌狌知人名，其为兽如豕而人面，在舜葬西。

狌狌西北有犀牛，其状如牛而黑。

【注释】

①瓯：古地名，在今浙江省温州一带。

②闽：古地名，今指福建福州一带。

③三天子鄣：山名。

④番隅：古地名。今广东省有番禺。

⑥北朐：传说中的国名。

⑦兕：犀牛。

⑧氾林：地名。

【译文】

海内东南角以西的国家、山川、物产如下所述。

瓯在海中。闽也在海中，闽的西北有座山。也有说法认为闽中山在海中央。

三天子鄣山在闽的西边、海的北方。另一种说法认为三天子鄣山也在海里。

由八棵巨大的桂树组成的树林在番隅的东面。

伯虑国、离耳国、雕题国、北朐国都在郁水的南边。郁水发源于湘陵的南部。还一种说法认为伯虑国应该叫相虑国。

枭阳国在北朐国的西面。那里的人长着人的面孔，嘴唇很长，皮肤的颜色是黑色，浑身有长毛，脚跟在前脚尖在后，一看见别人笑就笑，左手拿着一根竹筒。

兕在帝舜墓地的东面、湘水的南边。兕的形状和一般的牛差不多，通体青黑色，长着一只角。

苍梧山，帝舜葬在这座山的南面，而帝尧的儿子帝丹朱葬在这座山的北面。

氾林方圆有三百里，在猩猩聚居的东面。

猩猩能知道人的姓名，它的体形近似于猪，却有着人一样的面孔，生活在帝舜墓地的西面。

猩猩的西北面有犀牛，它的形状像牛，只不过全身是黑色的。

夏后启之臣曰孟涂，是司神于巴，人请讼于孟涂之所[1]，其衣有血者乃执之，是请生。居山上，在丹山西。丹山在丹阳南，丹阳居属也。

窫窳龙首，居弱水中[2]，在狌狌知人名之西，其状如龙首，食人。

有木，其状如牛，引之有皮，若缨、黄蛇。其叶如罗[3]，其实如栾[4]，其木若蓲[5]，其名曰建木。在窫窳西、弱水上。

氐人国在建木西[6]，其为人人面而鱼身，无足。

巴蛇食象，三岁而出其骨，君子服之，无心腹之疾。其为蛇青黄赤黑。一曰黑蛇青首。在犀牛西。

旄马[⑦]，其状如马，四节有毛。在巴蛇西北，高山南。

匈奴、开题之国、列人之国并在西北。

【注释】

①讼：打官司。

②窫窳：本是蛇身人面的神，被贰负臣所杀，其事见于《海内西经》。

③罗：捕鸟用的网。

④栾：传说中的一种树木，有黄色的树根、红色的树枝、青色的树叶。

⑤蓲：刺榆树。

⑥氐人国：传说中的古国名。

⑦旄马：鬃马。

【译文】

夏朝国王启的臣子有一个叫孟涂的，是主管巴地的神。巴地的人到孟涂那里去诉讼，孟涂看到告状人中谁的衣服沾有血迹，就把他拘禁起来。据说这样就不出现冤案，算是有好生之德。孟涂所居住的山在丹山的西面。

窫窳住在弱水中，位置在猩猩的西面，它的样子像狐，长着龙头，吃人。有一种树，形状像牛，一拉它就有皮掉下来，树皮像帽子上的绥带，又像黄色的蛇皮。它的叶子像罗网，果实像栾树的果子，树干像刺榆，名字叫建木。建木生长在窫窳所在之地往西的弱水岸上。氐人国在建木的西面，那里的人有着人的面孔，鱼的身子，没有脚。

巴蛇能吞下大象，吞吃三年后才吐出象骨，有才德的人吃了巴蛇，就不会心痛和肚子痛。这种蛇的颜色是青色、黄色、红色、黑色混合在一起的。另一种说法是巴蛇有黑色身体和青色脑袋，在犀牛所在地的西面。

旄马，形状像马，只不过四条腿的关节上都有长毛。旄马在巴蛇所在地的西北面，高山的南面。

匈奴、开题国、列人国都在西北地区。

十五、左传·介之推不言禄

【导读】

《左传》原名《左氏春秋传》，《春秋》三传之一。据传原为春秋左丘明所著，现传本内容经过后人增益。《左传》被广泛认为是我国目前已知的第一本编年体史书，它记载了从鲁隐公元年（公元前 722 年）到鲁哀公二十七年（公元前 468 年）之间的历史。也有人认为《左传》是解读《春秋》的“解经之作”，所以在汉代它也被称为《春秋左氏传》。《左传》采用叙史与论述相结合的方式，既反映了历史，也表达了作者的思想，为后代叙事、议事相结合的写作树立了典范。

介之推又名介子推，是公子重耳在国外逃亡时的随行人员之一。被晋献公、晋惠公追杀的重耳经常食不果腹，有一次饿得几乎晕厥。为了让重耳活下去，介之推割下腿上的肉给他吃。重耳逃亡归国后，当上了晋国的国君，并对逃亡过程中辅佐有功的臣子进行封赏，却忘了介之推。而介之推也没有主动请赏，即本文一开始的“晋侯赏从亡者，介之推不言禄，禄亦弗及”。本文通过介之推与母亲的对话，表达了介之推归隐的决心和淡泊名利的境界。

晋侯赏从亡者，介之推不言禄[①]，禄亦弗及。推曰："献公之子九人，唯君在矣。惠、怀无亲，外内弃之。天未绝晋，必将有主。主晋祀者[②]，非君而谁？天实置之[③]，而二三子以为己力，不亦诬乎[④]？窃人之财，犹谓之盗，况贪天之功以为己力乎[⑤]？下义其罪，上赏其奸[⑥]，上下相蒙[⑦]，难与处矣！"其母曰："盍亦求之，以死谁怼[⑧]？"对曰："尤而效之[⑨]，罪又甚焉，且出怨言，不食其食[⑩]。"其母曰："亦使知之若何[⑪]？"对曰："言，身之文也[⑫]。身将隐，焉用文之？是求显也[⑬]。"其母曰："能如是乎？与女偕隐[⑭]。"遂隐而死。晋侯求之，不获，以緜上为之田[⑮]，曰："以志吾过[⑯]，且旌善人[⑰]。"

【注释】

①介之推：重耳的从亡之臣。

②主晋祀者：主持晋国祭祀的人，即做晋国国君的人。

③天实置之：上天确实要立他为君。置，立。

④"而二三子"二句：而从亡者却认为是由于他们自己的力量，这不是很荒谬吗？二三子，指从亡之臣。诬，荒谬。

⑤贪天之功：取上天的功劳。贪，通"探"，探取。

⑥"下义"二句：在下位的人把自己的罪恶当作正义行为，在上位的人对他们做的坏事加以奖赏。

⑦上下相蒙：上下互相欺骗。

⑧"盍亦"二句：你何不也向晋侯求封赏，如果就这样死去，那又将怨恨谁呢？盍，何不。怼，怨恨。

⑨尤而效之：谴责了他们而又去效法他们。尤，谴责。效，效法。之，指从亡者。

⑩不食其食：不应当再食用他的俸禄。

⑪“亦使”句：（即使不求禄）也让他们知道这个道理如何？若何，如何。

⑫文：文饰。

⑬求显：求被人所知。

⑭与女偕隐：和你一起隐居。

⑮緜上：晋国地名，在今山西介休东南四十里的介山之下，介山也称緜山。为之田：作为介之推的祭田。

⑯志：标志。

⑰旌：表彰。

【译文】

晋侯赏赐跟随他流亡的人，介之推没有提及禄位，禄位也没有给他。介之推对他母亲说：“献公的儿子九个，只有国君还在世。惠公、怀公没有亲近的人，国内外都遗弃他们。上天没有弃绝晋国，晋国一定会有君主。主持晋国祭祀的人，不是他还有谁呢？上天确实要立他为君，而从亡者却认为是由于他们自己的力量，这不是很荒谬吗？偷别人的财物，尚且叫作盗，更何况是取上天的功劳把它作为自己的功劳呢？在下位的人把自己的罪恶当作正义行为，在上位的人对他们做的坏事加以奖赏，上下互相欺骗，很难和他们相处。”他母亲说：“你何不也向晋侯求封赏，如果就这样死去，那又将怨恨谁呢？”介之推回答说：“谴责了他们而又去效法他们，罪过就更大了，而且又口出怨言，不应当再食用他的俸禄。”他的母亲说：“即使不求禄，也让他们知道这个道理如何？”介之推回答说：“语言是自身行为的文饰。身体将要隐藏，哪里用得着文饰？这是去求显露。”他的母亲说：“你能够这样吗？如果可以，我和你一起隐居。”于是介之推就隐居而死。晋侯到处寻找他，没有找到，就把緜上这个地方作为他的封田，说：“用这来标志我的过失，并且表彰好人。”

十六、国语·叔向贺贫

【导读】

《国语》是先秦时期的国别体史书，共二十一篇，分为周、鲁、齐、晋、郑、楚、吴、越八国。《国语》主要记载了士人的言论，而对历史事件的描写则比较简略。《国语》的作者，自古存在争议，迄今未有定论。司马迁在《报任安书》中说："左丘失明，厥有《国语》。"东汉班固在《汉书·艺文志》中也记载："《国语》二十一篇，左丘明著。"按照他们的说法，左丘明为孔子《春秋》作传后，不幸失明，但他雅思未尽，"稽其逸文，纂其别说"，根据作传所剩下的材料，又编辑了一本书，即《国语》。班固、李昂等还把《国语》称为《春秋外传》或《左氏外传》。现在一般认为，《国语》是不知名的战国史家依据春秋时期史料整理汇编而成的。《国语》内容有很强的伦理倾向，尊礼重德，政治上主张重视民意。

本篇选自《国语·晋语》，记叙了太傅叔向劝说韩宣子不要患贫，而要忧德的故事。叔向采用了正反结合的论证方式。先举栾武子、郤昭子的事例说明，财富也可能招致祸患，关键在于是否有好的德行。叔向接着指出韩宣子与栾武了情况类似，如果不修德行而担心财富不够，便是值得忧虑的了。他的言论是为韩宣子的长久发展考虑，另一方面也批判像郤昭子一样奢侈放纵、贪得无厌的行为。这对于我们今天仍有警示作用。

叔向见韩宣子，宣子忧贫，叔向贺之，宣子曰：“吾有卿之名，而无其实，无以从二三子，吾是以忧，子贺我何故?”对曰：“昔栾武子无一卒之田①，其宫不备其宗器②，宣其德行，顺其宪则③，使越于诸侯④，诸侯亲之，戎、狄怀之⑤，以正晋国，行刑不疚⑥，以免于难。及桓子骄泰奢侈⑦，贪欲无艺，略则行志⑧，假贷居贿⑨，宜及于难，而赖武之德，以没其身。及怀子改桓之行⑩，而修武之德，可以免于难，而离桓之罪⑪，以亡于楚。夫郤昭子⑫，其富半公室，其家半三军，恃其富宠，以泰于国，其身尸于朝，其宗灭于绛。不然，夫八郤，五大夫三卿⑬，其宠大矣，一朝而灭，莫之哀也，唯无德也。今吾子有栾武子之贫，吾以为能其德矣，是以贺。若不忧德之不建，而患货之不足，将吊不暇，何贺之有?”宣子拜稽首焉，曰：“起也将亡，赖子存之，非起也敢专承之，其自桓叔以下嘉吾子之赐⑭。”

【注释】

①栾武子：栾书。一卒之田：一百顷田地。

②宗器：祭器。

③宪则：法则。

④越：传播。

⑤怀：归服。

⑥疚：诟病。

⑦桓子：栾武子之子。

⑧略则：违反法纪。

⑨假：借。居：蓄。

⑩怀子：即栾盈，桓子之子。

⑪离：同“罹”，遭受。

⑫郤昭子：郤至。

⑬三卿：指郤至、郤锜、郤犨。

⑭桓叔：即曲沃桓叔，桓叔有子名万，封在韩邑，称韩万，故尊桓叔为先祖。

【译文】

叔向去见韩宣子，宣子正忧愁自己贫困，叔向祝贺他，韩宣子说：“我只有正卿的虚名，却没有正卿之实，没办法同诸卿大夫往来，我正为此发愁，您祝贺我是什么缘故呢?”叔向说：“从前栾武子身为晋国上卿却没有一百顷的田地，家中置备不齐祭器，可他却发扬德行，遵循法则，使自己的名声远播诸侯，诸侯亲近他，戎、狄归服他，以此治理晋国，施行法令没有诟病，所以避免厉公之难。到桓子时，骄纵奢侈，贪婪之欲无极，违反法纪，随意妄为，借放高利贷蓄积财物，本应遭受祸难，只是依仗他父亲武子的余德，才得以善终。到了怀子，一改桓子的胡作非为，继承祖父武子的美德，本来可以免除祸难，可遭受父亲桓子罪恶的连累，只有奔亡到楚国。还有郤昭子，他的财富抵得上晋国公室的一半，他家几乎占了三军将帅中的一半，倚仗自己的财富和权势，在晋国奢侈到了极点，结果自己的尸首被放在朝廷上示众，宗族也在绛城被灭绝。若不是这样，郤氏八人，有五个大夫、三个卿，他们的权势够大了，可一旦被诛灭，没有谁来哀痛，就是因为没有德行啊。现在您有栾武子那样的清贫，我认为你也能具有他的德行，因此向你道贺。如果不忧虑自己德行还没有建立，却担忧财富不足，哀悼您还来不及，我又祝贺什么呢?”韩宣子向他下拜叩头，说：“我将要灭亡了，依赖您保存了我，不独是我一个人承受您的恩惠，从我的先祖桓叔以下都要感激您的恩赐。”

十七、庄子（节选）

【导读】

《庄子》是道家学派的经典著作，与《老子》并称“老庄”。庄子名周，蒙（今安徽省亳州市蒙城县）人，生活在战国时期。现在我们看到的《庄子》分为内篇七、外篇十五、杂篇十一，共三十三篇。一般认为，内篇为庄子自著，外篇中有部分庄子后学的著作。

庄子思想承自老子，又有所发展。庄子认为“万物一府，死生同状”“道通为一”，主张万物平等，顺应自然。在老子有无相生、福祸相依的基础上，他提出，“彼出于是，是亦因彼”“方生方死，方死方生”，宇宙间的一切事物都是相对存在的。庄子追求着无限的精神自由，这种追求对后世文人，尤其是艺术美学等产生了极大的影响。

我们所节选的片段之一，选自《庄子·杂篇·天下》。《天下》篇是《庄子》书中唯一的纯议论性的文章。我们所选用的这一部分，作者指出当时“天下大乱，贤圣不明，道德不一”的现象，介绍和批判了先秦各家学派的论著和学说。

另一个片段，来自《庄子·内篇·养生主》，讲述了“庖丁为文惠君解牛”这一故事。庄子描绘了庖丁神乎其技的技艺，点出关键在于“依乎天理”，“因其固然”。这不仅仅是解牛的关键，也是养生的关键所在。庄子也是通过庖丁解牛之事提醒国人作为中国人和世间万物打交道的方式方法，惟如此，才能真正获得自由。

天下之治方术者多矣[①]，皆以其有为不可加矣。古之所谓道术者[②]，果恶乎在？曰：“无乎不在。”曰：“神何由降[③]？明何由出[④]？”“圣有所生，王有所成，皆原于一[⑤]。”

不离于宗，谓之天人；不离于精，谓之神人；不离于真，谓之至人[⑥]；以天为宗，以德为本，以道为门，兆于变化，谓之圣人[⑦]；以仁为恩，以义为理，以礼为行，以乐为和，薰然慈仁，谓之君子[⑧]。以法为分，以名为表，以参为验，以稽为决，其数一二三四是也，百官以此相齿[⑨]；以事为常，以衣食为主，蕃息畜藏，老弱孤寡为意，皆有以养，民之理也[⑩]。

古之人其备乎？配神明，醇天地，育万物，和天下，泽及百姓，明于本数，系于末度[⑪]，六通四辟，小大精粗，其运无乎不在。其明而在数度者[⑫]，旧法、世传之史尚多有之；其在于《诗》《书》《礼》《乐》者，邹鲁之士、搢绅先生多能明之[⑬]。《诗》以道志，《书》以道事，《礼》以道行[⑭]，《乐》以道和，《易》以道阴阳，《春秋》以道名分。其数散于天下而设于中国者，百家之学时或称而道之。

天下大乱，贤圣不明，道德不一。天下多得一察焉以自好。譬如耳目鼻口，皆有所明，不能相通；犹百家众技也，皆有所长，时有所用。虽然，不该不遍[⑮]，一曲之士也。判天地之美，析万物之理，察古人之全[⑯]，寡能备于天地之美，称神明之容。是故内圣外王之道[⑰]，暗而不明，郁而不发，天下之人各为其所欲焉以自为方。悲夫，百家往而不反，必不合矣！后世之学者，不幸不见天地之纯，古人之大体。道术将为天下裂。

【注释】

①治：研究。方术：道术中的一个方面。

②道术：反映天道之术。

③神：神圣，圣人。

④明：明王。

⑤一：指道。

⑥“不离于宗”六句：宗、精、真，皆指道体而言。宗，从大道的本质方面说；精，从大道的精纯不杂方面说；真，从大道的真实不诬方面说。天人、神人、圣人，皆指体道者而言，体道的方面不同，其本质是相同的，即同归于一个“道”。

⑦“以天为宗”五句：天，指天然。宗，主宰。德，指本性。道，即大道。门，门径，途径。兆，征兆，预兆。

⑧“以仁为恩”六句：讲君子的作为，主要指的是儒家。薰然，温和的样子。

⑨“以法为分”六句：主要讲法家的作为。分，名分。表，标识。参，比较，参考。稽，考察。齿，序列，排序。

⑩“以事为常”六句：讲百姓的作为。事，指耕作等劳动。常，常业。蕃息畜藏，繁衍、生殖、积蓄、储藏。畜，通“蓄”。

醇：借为“准”。

⑪末度：指礼法的末节。

⑫数度：指礼乐制度。

⑬士：士人，即学者。搢绅：仕人，即官吏。

⑭行：行为规范。

⑮该：完备。遍：全面。

⑯“判天地之美”三句：判，割裂。析，离析。察，读为“杀”，减损，破坏。

⑰内圣外王之道：梁启超认为此语“包举中国学术之全部……其旨归在于内足以资修养而外足以经世”。

【译文】

天下研究方术的人很多，都认为自己所获得的成就无以复加了。古代所谓的道术，到底在哪里呢？回答是："无所不在。"若问："圣人从哪里诞生？明王从何处出现？"回答是："圣人有他诞生的原因，明王有他成就的根由，都是源于大道。"

不背离大道本质的，称为天人；不背离大道精纯的，称为神人；不背离大道本真的，称为至人；以自然为主宰，以德性为根本，以大道为门径，预知变化的征兆，称为圣人；以仁爱来施行恩惠，以义来分别事理，以礼来规范行动，以音乐来调和性情，充溢着温和仁慈的言行，称为君子；以法度分别各自不同的名分，以名号标明各自不同的实际，用比较的方法来验证事物，用考察的方法来决断事物，就像一二三四数列那样分明，百官的序列就是如此确定的；把耕作劳动作为常业，把衣食作为关注的主要问题，用心于繁衍生息和积蓄储存，关注老弱孤寡的生活，让他们都能得到抚养，这是民生的道理。

古代的得道者不是很完备吗？他们具备了圣人和明王的道德，取法于天地，而能哺育万物，调和天下，恩泽施于百姓，通晓大道的根本，掌握末端的具体法度，六合通达而四时顺畅，大小精粗，应时变化，无所不发挥作用。古代道术明显表现在礼法度数方面的，在旧的法规法令中和世传的史书中多有记载；那些记载在《诗》《书》《礼》《乐》书中的，邹鲁之地的学者和官吏大多还能明白其中的道理。《诗经》是用来表达思想感情的，《尚书》是记载政事的，《礼》是讲述行为规范的，《乐》是讲述调和情绪的，《易经》是讲述阴阳变化规律的，《春秋》是讲述名位职守的。这些学问散布于天下而施行在中原的，百家之学中时有称引和讲述。

天下大乱之后，圣贤的学说不再显明于世，道德标准也出现了分歧。天下的人各以一己之偏见自以为是。譬如耳目鼻口各有功用，却不能相互替代；犹如百家的各种技艺，都有自己的特长，适时方有所用。虽然如此，对于不能兼备众说，不能周遍物理的，只能是一孔之见的曲士。他们割裂了天地的和美，离析了万物的常理，破坏了古人完美的道德，很难具备天地的自然纯美，相称于神明的形容。所以内圣外王之道，暗淡而不光明，抑郁而不勃发，天下之人各为自己的喜好，偏执一己的方术。可悲啊，百家的学术走向歧路而不知道回归，势必与古人的道术不能相合了！后世的学者，最为不幸的是，再也见不到天地的纯美和古人完美的道德风貌。古人的道术将被这一代的天下人所割裂毁掉了。

吾生也有涯①，而知也无涯，以有涯随无涯，殆已②！已而为知者③，殆而已矣！为善无近名，为恶无近刑，缘督以为经④，可以保身，可以全生，可以养亲⑤，可以尽年。

【注释】

①涯：涯际，界限。

②殆：危险。已：通“矣”。

③已：既，如此。

④缘：循，顺应。督：督脉。人身前的中脉为任脉，人身后的中脉为督脉，任、督二脉为人体奇经八脉的主脉，主呼吸之息。

⑤亲：指真君，即精神。

【译文】

我们的生命是有限的，而知识是无穷的，以有限的生命去追求无穷的知识，就会陷入困顿之中！既然已经困顿不堪，还要从事求知的活动，那就更加危险了！做（世俗上所认为的）善事不图名声，做（世俗上所认为的）坏事不遭刑害，像气循任、督二脉周流不息一样，遵循中正自然之路，就可以保护身体，可以保全生命，可以养护精神，可以享尽天年。

庖丁为文惠君解牛①，手之所触，肩之所倚，足之所履，膝之

所踦[2]，砉然响然[3]，奏刀騞然[4]，莫不中音，合于《桑林》之舞[5]，乃中《经首》之会[6]。

文惠君曰："嘻，善哉！技盖至此乎[7]？"

庖丁释刀对曰[8]："臣之所好者道也，进乎技矣。始臣之解牛之时，所见无非牛者；三年之后，未尝见全牛也；方今之时，臣以神遇而不以目视[9]，官知止而神欲行[10]。依乎天理[11]，批大郤[12]，导大窾[13]，因其固然。枝经肯綮之未尝[14]，而况大軱乎[15]！良庖岁更刀，割也；族庖月更刀[16]，折也。今臣之刀十九年矣，所解数千牛矣，而刀刃若新发于硎[17]。彼节者有间而刀刃者无厚，以无厚入有间，恢恢乎其于游刃必有余地矣[18]。是以十九年而刀刃若新发于硎。虽然，每至于族[19]，吾见其难为，怵然为戒[20]，视为止，行为迟，动刀甚微，謋然已解[21]，如土委地。提刀而立，为之四顾，为之踌躇满志[22]，善刀而藏之[23]。"

文惠君曰："善哉！吾闻庖丁之言，得养生焉。"

【注释】

①庖丁：名叫丁的厨师。一说掌厨的丁役。文惠君：旧注说是梁惠王，疑为附会，可视为虚拟人物。

②踦：屈跪一膝，顶住牛体。

③砉然、响然：皆为形容解牛时发出的声音。

④騞然：进刀之声。

⑤《桑林》之舞：传说殷商时代的乐舞曲。

⑥《经首》：传说殷商时代的乐曲。会：节奏，旋律。

⑦盖：同"盍"，何。

⑧释：放。

⑨神遇：心神感触。

⑩官知止：感官的认知作用停止了。

⑪天理：自然的纹理结构。

⑫批：击，劈。郤：通“隙”，指筋骨间的缝隙。

⑬导：引刀而入。大窾：指骨节间的较大空隙。

⑭枝：枝脉。经：经脉。肯：带骨肉。綮：筋肉盘结处。

⑮軱：大骨。

⑯族：众。这里指一般人。

⑰硎：磨刀石。

⑱恢恢乎：宽绰的样子。

⑲族：盘结交错处。

⑳怵然：警惕的样子。

㉑謋然：散开的样子。

㉒踌躇满志：愉悦安适、从容自得的样子。

㉓善刀：拭刀。

【译文】

庖丁为文惠君宰牛，手抓肩顶，脚踩膝抵，各种动作无不精确利索。此时牛体被肢解发出哗啦哗啦的或重或轻的响声，庖丁进刀发出的阵阵唰唰声，都无不符合音乐的节奏，合乎《桑林》舞曲的节拍，同于《经首》乐章的韵律。

文惠君说：“啊，太好了！你的技术怎么会达到这般的地步？”

庖丁放下刀，回答说：“我所爱好的是道，得道后将道运用于技术了。我刚开始从事宰牛时，眼前所见到处都是牛；三年之后，就再也不见整牛了。到了现在，我再宰牛时，全凭心神去运作，而不需用眼睛来观察，感官的认知作用早已停止了，而只是心神的活动罢了。依据牛体的天然纹理劈开筋骨间空隙，把刀引入骨节之间的空隙，完全是顺着牛体的自然结构来操作。像那些经络交错、筋骨盘结的地方都不曾有什么妨碍，何况对付大骨头呢！好的厨师一年换一把刀，他们是用刀割肉；普通的厨师一个月换一把刀，他们是用刀砍骨头。如今我的这把刀已经用了十九年了，宰牛的数量也有几千头了，而刀口还像是刚从磨刀石磨过的一样锋利。因为那牛骨节是有间隙的，而这刀刃却薄得犹如没有厚度，用没有厚度的刀刃切入有间隙的骨节，这其中宽宽绰绰的，当然会游刃有余了。所以这把刀子用了十九年还是像新磨的一样。尽管这样，每次碰到筋骨聚集的地方，我知道其中的难度，便小心警惕，眼神专注，动作缓慢，操刀轻微，‘哗啦’一声，牛体已解，如同泥土散落一地。此时我提刀站立，环顾四周，悠然自得，心满意足，把刀子揩净收好。”

文惠君说：“好啊！我听了庖丁的这番话，懂得养生的道理了。”

十八、孟子（节选）

【导读】

孟子，姬姓，孟氏，名轲，战国时期邹国（今山东邹城）人，受学于孔子后人子思门下。《孟子》一书成书于战国中期，是孟子及其弟子万章、公孙丑等人所著。《汉书·艺文志》载《孟子》十一篇，现存七篇十四卷。相传另有《孟子外书》四篇，已佚。《孟子》在宋代被列为“四书”之一，成为中国古代科举的必读之物。

韩愈《原道》将孟子列为先秦儒家继承孔子“道统”的人物，元朝追封孟子为“亚圣公”。孟子的行为也和孔子相仿佛，他力图将儒家的政治理论和治国理念转化为具体的政策行为，并推行于天下。孟子也周游列国，游说于各国君主之间，推行他的政治主张。

本文节选自《孟子》中的第一篇《梁惠王上》、第三篇《公孙丑上》、第十一篇《告子上》，分别是孟子关于义利之辩、四端之学、性善之论的阐释。“义利”“四端”“性善”都是人性最基本的问题，“性善”是为人之根本，进而生发于“四端”，即由“人”与“自身”的关系，推延到“人”与“人”的关系，最后是“人”与“事”之间的关系——义利之辩。孟子以性善为人性基点，是对“仁”这一概念的补充，由“性善”而到“四端”后至“义利”——也就是仁。从而使“人”得以成为“仁”，人性回归到仁性，也就是说有“仁”的人，自然是以“性善”作为根本，激而成“四端”，定而乃成“仁义”之类。

孟子见梁惠王[1]。王曰：“叟[2]！不远千里而来，亦将有以利吾国乎？”

孟子对曰：“王！何必曰利？亦有仁义而已矣[3]。王曰：‘何以利吾国？’大夫曰：‘何以利吾家？’士庶人曰：‘何以利吾身？’上下交征利而国危矣[4]。万乘之国[5]，弑其君者，必千乘之家[6]；千乘之国，弑其君者，必百乘之家。万取千焉，千取百焉，不为不多矣。苟为后义而先利，不夺不餍[7]。未有仁而遗其亲者也，未有义而后其君者也。王亦曰仁义而已矣，何必曰利？”

【注释】

①梁惠王：即魏惠王，因由旧都安邑迁都大梁，又称梁惠王。

②叟：对老年人的尊称。

③亦：只。

④征：取。

⑤万乘之国：拥有一万辆战车的国家。乘，古代战车一辆称一乘。

⑥家：卿大夫的采地。

⑦餍：满足。

【译文】

孟子谒见梁惠王。惠王说：“老先生！您不远千里而来，将对我的国家有利吧？”

孟子回答说：“王！何必开口定要讲到利益？只要有仁义就可以了。君王说：‘怎样对我的国家有利呢？’大夫说：‘怎样对我的封地有利呢？’士人和老百姓说：‘怎样对我自己有利呢？’上下交相求利，那国家就危险了。拥有一万辆战车的国家，杀掉它的君王的，一定是拥有一千辆战车的大夫；拥有一千辆战车的国家，杀掉它的君王的，一定是拥有一百辆战车的大夫。在一万辆战车的国家里，大夫拥有一千辆战车；

在一千辆战车的国家里，大夫拥有一百辆战车；这些大夫不能不算不富有了。但如果轻仁义重私利，那大夫不把君王的财产夺去是不会满足的。从来没有讲‘仁’却遗弃自己父母的，也没有讲‘义’却轻慢自己君王的。王只要讲仁义就可以了，何必讲利益呢？”

孟子曰：“人皆有不忍人之心。先王有不忍人之心，斯有不忍人之政矣。以不忍人之心，行不忍人之政，治天下可运之掌上。所以谓‘人皆有不忍人之心’者，今人乍见孺子将入于井，皆有怵惕恻隐之心①，非所以内交于孺子之父母也，非所以要誉于乡党朋友也②，非恶其声而然也。由是观之，无恻隐之心，非人也；无羞恶之心，非人也；无辞让之心，非人也；无是非之心，非人也。恻隐之心，仁之端也；羞恶之心，义之端也；辞让之心，礼之端也；是非之心，智之端也。人之有是四端也，犹其有四体也。有是四端而自谓不能者，自贼者也；谓其君不能者，贼其君者也。凡有四端于我者，知皆扩而充之矣，若火之始然③，泉之始达。苟能充之，足以保四海；苟不充之，不足以事父母。”

【注释】

①怵惕：恐惧。恻隐：哀痛。

②要：求。

③然：同“燃”。

【译文】

孟子说：“每个人都有怜恤别人之心。先王有怜恤别人之心，这才有怜恤别人的政治。凭着怜恤别人之心，施行怜恤别人的政治，治理天下就像在手掌上玩弄东西那样容易。之所以说‘每个人都有怜恤别人之心’，是因为现在有人忽然看见小孩子快要掉到井里去，都有惊骇、同情之心，这并不是为了和小孩子的父母攀结交情，不是为了在乡里朋友间博取声誉，也不是厌恶那小孩子的哭声才这样的。由此看来，一个人，如果没有同情之心，不算人；如果没有羞耻之心，不算人；如果没有退让之心，不算人；如果没有是非之心，不算人。同情之心，是仁的萌芽；羞耻之心，是义的萌芽；推让之心，是礼的萌芽；是非之心，是智的萌芽。人有这四种萌芽，就如同他有四肢一样。有这四种萌芽而自称不能行善的人，是自暴自弃的人；说他的君王不能行善的人，是残害他君王的人。凡是有这四种萌芽的人，懂得把它们都扩大发展起来，就像火开始燃烧，泉水开始流出。如果能够扩大发展它们，就足以安抚天下；如果不能扩大发展它们，就连父母都侍奉不了。”

告子曰：“性犹湍水也①，决诸东方则东流②，决诸西方则西流。人性之无分于善不善也，犹水之无分于东西也。”

孟子曰：“水信无分于东西③，无分于上下乎？人性之善也，犹水之就下也。人无有不善，水无有不下。今夫水，搏而跃之，可使过颡④；激而行之，可使在山。是岂水之性哉？其势则然也。人之可使为不善，其性亦犹是也。”

【注释】

①湍：急流的水。

②决：打开缺口排水。

③信：的确，确实。

④颡：额头。

【译文】

告子说：“人性好像急流的水，从东方打开缺口就向东流，从西方打开缺口就向西流。人性不分善恶，就好像水不分东西一样。”

孟子说：“水的确不分东西，难道也不分上下吗？人性是善的，就像水性趋向下流。人的本性没有不善良的，水的本性没有不向下流的。

拍打水让它飞溅起来，可以高过人的额头；堵住水道让它倒流，可以引上高山。然而，这难道是水的本性吗？是外在形势迫使它这样的。人之所以做坏事，也是由于他的本性受到了外在形势的逼迫。”

十九、荀子（节选）

【导读】

荀子是战国末期的赵国人，是继孔子、孟子之后儒家的又一代表人物，中国历史上著名的思想家、政治家和教育家。其一生中大部分时间奔波于各诸侯国宣传自己的政治和教育思想，据《史记·孟子荀卿列传》记载，其曾在齐襄王的稷下学宫讲学，三次为“祭酒”，德高望重。然因其主张“性恶礼伪”并批判子思、孟子，以致为宋、明理学家所诟病，并被排黜为异端，长时间未能得到重视。但事实上，自孔子之后，孔门学问逐渐分裂为“尊德性”与“道问学”。荀子一派乃是“道问学”的继承者，荀子的学生韩非尤其是李斯，在秦朝中央集权的国家体制建设中起到了极为重要的作用。但是在后世的儒家学问传承中，过于注重“尊德性”一支，则客观上造成了儒学的逐渐衰落。欲重振儒学，必须重新重视和研究荀子一派，从而与孟子一派“尊德性”合二为一，回到子思，回到孔子。

本文节选《荀子》中《解蔽》《大略》篇。《解蔽》篇是荀子对“心学”证道最为精彩之篇章。“蔽”之由来，认识之片面、角度之局限也。因“妒缪于道”，继而于认识上产生各种各样之“蔽”，最终便会得出错误之结论。蒙“蔽”则将远“道”，当需解之方能达圣。解蔽之目的即“治则复经”，而解蔽之方法乃为“虚一而静”，“兼陈万物而中悬衡”，从而达到“大清明”之境界。《大略》篇盖弟子杂录荀卿之语，《大略》所载，多为儒书，尤重礼制，庄严正大，于其中可考见荀子之思想话语资源、阅读写作方式及思想形成过程。

凡人之患，蔽于一曲而暗于大理。治则复经[①]，两疑则惑矣。天下无二道，圣人无两心。今诸侯异政，百家异说，则必或是或非，或治或乱。乱国之君，乱家之人，此其诚心莫不求正而以自为也，妒缪于道而人诱其所迨也[②]。私其所积，唯恐闻其恶也；倚其所私，以观异术，唯恐闻其美也。是以与治虽走而是己不辍也[③]，岂不蔽于一曲而失正求也哉！心不使焉，则白黑在前而目不见，雷鼓在侧而耳不闻，况于使者乎！德道之人[④]，乱国之君非之上，乱家之人非之下，岂不哀哉！

【注释】

①经：正道，常道。

②妒缪：背离。妒，害。缪，违。

③治：正道。

④德：通“得”。

【译文】

大凡人们的毛病，是被偏见所蒙蔽而不明白全面的、正确的大道理。纠正了就能回到正道上来，在偏见和大道两者之间徘徊就会产生迷惑。天下没有两个正道，圣人没有两种对立思想。现在诸侯各国实行不同的政治措施，各个学派主张不同的学说，就必定有对的、有错的，有能使社会安定的、有能使社会混乱的。造成国家混乱的君主，造成思想混乱的学者，他们的真心没有不想追求正道来为自己服务的，他们对大道有偏见，因而别人就投其所好来引诱他们。他们偏爱自己平时积累的知识，唯恐听到对自己不利的话；凭借自己的偏见来观察不同的学说，唯恐听到赞美别人的话。因此，他们和正道相背离而自以为是，不知改正，这难道不是被偏见蒙蔽而失去了对正道的追求吗？如果心思不用在正道上，就是黑白摆在面前而眼睛也看不到，雷鼓在身旁敲击而耳朵也听不到，更何况心被蒙蔽了呢！掌握了正道的人，造成国家混乱的君主在上面反对他，持有片面观点的学者在下面反对他，这难道不可悲吗？

故为蔽[①]：欲为蔽，恶为蔽；始为蔽，终为蔽；远为蔽，近为蔽；博为蔽，浅为蔽；古为蔽，今为蔽。凡万物异则莫不相为蔽，此心术之公患也。

【注释】

①故：通“胡”，什么，表示问句。

【译文】

是什么造成了蒙蔽呢？欲望会造成蒙蔽，憎恶会造成蒙蔽；只看到开始会造成蒙蔽，只看到结果也会造成蒙蔽；疏远会造成蒙蔽，亲近也会造成蒙蔽；知识广博会造成蒙蔽，知识肤浅也会造成蒙蔽；只知道古代会造成蒙蔽，只知道现在也会造成蒙蔽。凡是事物都有差异、有对应，就没有不互相造成蒙蔽的，这是人们思想方法上的通病。

子贡问于孔子曰：“赐倦于学矣，愿息事君。”孔子曰：“《诗》云：‘温恭朝夕，执事有恪。’[①]事君难，事君焉可息哉！”“然则赐愿息事亲。”孔子曰：“《诗》云：‘孝子不匮，永锡尔类。’[②]事亲难，事亲焉可息哉！”“然则赐愿息于妻子。”孔子曰：“《诗》云：‘刑于寡妻，至于兄弟，以御于家邦。’[③]妻子难，妻子焉可息哉！”“然则赐愿息于朋友。”孔子曰：“《诗》云：‘朋友攸摄，摄以威仪。’[④]朋友难，朋友焉可息哉！”“然则赐愿息耕。”孔子曰：“《诗》云：‘昼尔于茅，宵尔索绹，亟其乘屋，其始播百谷。’[⑤]耕难，耕焉可息哉！”“然则赐无息者乎？”孔子曰：“望其圹[⑥]，皋如也[⑦]，嵮如也[⑧]，鬲如也[⑨]，此则知所息矣。”子贡曰：“大哉死乎！君子息焉，小人休焉。”

【注释】

①“温恭”两句：出自《诗经·商颂·那》。恪，敬。

②“孝子”两句：出自《诗经·大雅·既醉》。锡，通“赐”，赏赐。

③“刑于”三句：出自《诗经·大雅·思齐》。

④“朋友”两句：出自《诗经·大雅·既醉》。摄，帮助。

⑤“昼尔”四句：出自《诗经·豳风·七月》。

⑥圹：坟墓。

⑦皋：通“高”。

⑧嗔：通“巅”，山顶。

⑨鬲：鼎一类的器物。

【译文】

子贡问孔子说：“我对学习厌倦了，希望停下来侍奉君主。”孔子说：“《诗经》中说：‘早晚要温和恭敬，行事要认真谨慎。’侍奉君主是艰难的，怎么可以停止学习呢！”“那么，我希望停下来侍奉父母。”孔子说：“《诗经》中说：‘孝子的孝心无竭尽，永远赐给同类人。’侍奉父母是艰难的，怎么可以停止学习呢！”“那么我愿意停下来照顾妻子儿女。”孔子说：“《诗经》中说：‘给妻子做榜样，推广到兄弟，然后来治理国家。’照顾妻子儿女是艰难的，怎么可以停止学习呢！”“那么我愿意停下来结交朋友。”孔子说：“《诗经》中说：‘朋友之间要互相帮助，帮助要用礼仪。’和朋友在一起是艰难的，怎么可以停止学习呢！”“那么我愿意停下来种田。”孔子说：“《诗经》中说：‘白天割茅草，晚上搓绳子，急急忙忙修理屋顶，又要开始播种了。’种田是艰难的，怎么可以停止学习呢！”“那么我就没有停止学习的时候吗？”孔子说：“远望那坟墓，高高的样子，像个小山顶一样，像鼎器一样，这里就是可以停止学习的地方了。”子贡说：“死亡真伟大啊！君子休息了，小人终结了。”

二十、韩非子·饬令

【导读】

韩非（约前280—前233），战国末期著名思想家，法家代表人物。韩王（战国末期韩国君主）之子，师从荀子，后人尊称韩非子或韩子。《韩非子》是在韩非去世之后，由后人辑集而成的。《韩非子》一书共五十五篇，韩非继承和发展了商鞅、申不害、慎到的学说，提出“任法”“用术”“集势”相结合的政治理论，以中央集权和依法治国作为他的为政理念。韩非从“性恶论”出发，总结“往者得失之变”，提出“法与时转则治”的兴亡观念。不仅如此，《韩非子》中还记载了大量的寓言故事，如“自相矛盾”“智子疑邻”都是出自此书，这些寓言蕴含着深刻的哲理，增加了文章的可读性和说服力，使文章具有较高的文学价值。

《饬令》篇集中体现了韩非子重法制、重刑罚的思想。它要求统治者整饬法令，做到法令公正，以功劳来任用官吏，减少空谈。他提出以刑罚来治理国家，以赏赐来鼓励作战，根据功劳授予官爵。同时，他认为统治者应当“重刑少赏”“重刑明民，大制使人”，这是“以刑去刑”，只有这样才能“民死赏”，上下一心，国家强盛。

饬令[1]，则法不迁；法平，则吏无奸。法已定矣，不以善言害法。任功，则民少言；任善，则民多言。行法曲断[2]，以五里断者王[3]，以九里断者强，宿治者削。

以刑治，以赏战，厚禄以用术。行都之过，则都无奸市。物多末众[4]，农弛奸胜，则国必削。民有余食，使以粟出爵，必以其力，则农不怠。三寸之管毋当[5]，不可满也。授官爵出利禄不以功，是无当也。国以功授官与爵，此谓以成智谋，以威勇战，其国无敌。国以功授官与爵，则治者省，言有塞，此谓以治去治，以言去言，以功与爵者也。故国多力，而天下莫之能侵也。兵出必取，取必能有之；案兵不攻必富。朝廷之事，小者不毁，效功取官爵，廷虽有辟言[6]，不得以相干也，是谓以数治。以力攻者，出一取十；以言攻者，出十丧百。国好力，此谓以难攻；国好言，此谓以易攻。

重刑少赏，上爱民，民死赏；多赏轻刑，上不爱民，民不死赏。利出一空者[7]，其国无敌；利出二空者，其兵半用；利出十空者，民不守。重刑明民，大制使人，则上利。行刑，重其轻者，轻者不至，重者不来，此谓以刑去刑。罪重而刑轻，刑轻则事生，此谓以刑致刑，其国必削。

【注释】

①饬：整顿。

②曲：乡曲，泛指乡村下层单位。

③王：称王，指统一天下。

④物：物品，这里指奢侈品。

⑤当：底。

⑥辟：通“僻”，邪僻。

⑦空：通“孔”，引申为来源。

【译文】

整顿法令，法令就不会随意改变；法令公正，官吏就不会有奸邪的行为。法令已经制定了，就不能用仁义道德之类的好话来妨害法令。任用有功劳的人，民众就不会崇尚空谈；任用善谈“仁义”的人，民众就崇尚空谈。执行法令在乡村断案，五里之内能断案的国家，就能称王；九里以内能断案的国家，就能强盛；断案拖延解决的国家，就会被削弱。

用刑罚治理国家，用奖赏鼓励作战，俸禄要优厚，而且要注意使用权术。巡查都邑中的违法行为，都邑中就没有违法的买卖了。物品繁多，从事工商业的人众多，农事便荒废，坏事就占了上风，那么国家就必定会被削弱。民众有了多余的粮食，就让他们用粮食捐取官爵，取得官爵一定得靠自己的力量，农事就不会荒废了。三寸长的管子没有底，是不可能装满的。授给官爵和俸禄不根据人们的功劳，也如同没有底的管子一样。国家根据功劳授予官职和爵位，这就叫作用功绩集中智谋，用威势激励勇敢作战，这样的国家是无敌的。国家根据功劳授予官职和爵位，治理国家就省事，空话就被杜绝了，这叫作用政治措施减省政治事务，用言论去除空话，这是按功劳授予官爵的缘故。所以国家实力雄厚，天下没有谁能够侵犯它。出兵打仗一定能攻取，攻取了一定能占有；按兵不动，国家就一定富强。朝廷上的政事，即使小事也不准诽谤，做出成绩的就能取得官爵，朝廷中即使有人讲坏话，也不能干扰这种做法，这就叫作用法术治国。国家凭实力去进攻敌人，出一分力量能够取得十分的收效；凭空话去进攻敌人，出一分力量反而会遭到百分的损失。国家崇尚实力，这叫作从难处入手准备进攻；国家崇尚空谈，这叫作从易处入手准备进攻。

加重刑罚，减少奖赏，这是君主爱护臣民，臣民就会拼命去争取奖赏；增加奖赏，减轻刑罚，这是君主不爱护臣民，臣民就不会拼命去争取奖赏。赏赐只出于君主一个人，这个国家就无敌；赏赐出于两个人，军队就只有一半的人能够任用；赏赐出于十个人，民众就不守护自己的君主。用严厉的刑罚让民众明白法制，用重大的法制去驭使人们，对君主就有利。执行刑罚，对轻罪用重刑，这样轻罪就不敢犯，重罪更不敢犯，这就叫作用重刑去掉刑罚。犯重罪而用轻刑，刑罚轻了，犯法的事就容易发生，这就叫作用轻刑招致刑罚，这样的国家必定被削弱。

二十一、谏逐客书

【导读】

李斯于战国末期（约前284）出生在楚国上蔡（今河南驻马店市上蔡县），曾在郡中当小吏。有一次李斯在办公寓所的厕所里看见老鼠在吃脏东西，有人或狗靠近就惊恐逃窜；在粮仓中看到的老鼠吃的却是粟米，也从不害怕人或狗，便感叹道："人之贤不肖譬如鼠矣，在所自处耳！"于是大悟人生，李斯毅然决定外出学艺，所欲学者乃安邦定国之术，故东至齐国拜师荀子，学习"帝王之术"。学成后，李斯分析六国国力皆不如秦国，于是李斯就请求到秦相吕不韦的门下做舍人。吕不韦很欣赏他的才能，任命他为郎官。李斯得到机会，并游说秦王："胥人者，去其几也。成大功者，在因瑕衅而遂忍之。"秦王对他大为赏识，便任命李斯为长史，后又任命为客卿。

李斯有两篇非常重要的文章，一篇是《论统一书》，该书上书于秦嬴政，从而改变了整个中国的历史进程，惜乎此篇已佚。另一篇就是《谏逐客书》。在秦国统一六国的过程中，韩国为了对抗秦国，派出水工郑国来到秦国做间谍，兴修水利灌溉来消耗秦国国力，避免秦国对韩国发起侵略。秦王发现后，下令逐出六国的宾客。李斯向秦王上书请求收回逐客令，正反论证、利害并举，有条理地论述了外国宾客对秦国的重要性。这篇公文使秦王幡然悔悟，立刻收回了驱逐的命令。

秦宗室大臣皆言秦王曰[①]："诸侯人来事秦者，大抵为其主游间于秦耳[②]，请一切逐客[③]。"李斯议亦在逐中。

【注释】

①秦王:秦始皇,此时尚未统一,故仍称秦王。

②游间:游说离间。

③客:指其他诸侯国在秦国做官的人。

【译文】

秦国的宗室大臣都对秦王说:"从各诸侯国来事奉秦国的人,大都是为他们的君主游说和离间秦国罢了,请把外来的客卿一律驱逐出境。"李斯也在计划被驱逐的人之中。

斯乃上书曰："臣闻吏议逐客，窃以为过矣。

【译文】

李斯于是上书秦王说:"我听说官吏们在计议驱逐外来的客卿,我私下认为这种做法是错误的。

"昔穆公求士[①]，西取由余于戎[②]，东得百里奚于宛[③]，迎蹇叔于宋[④]，求丕豹、公孙支于晋[⑤]。此五子者，不产于秦，而穆公用之，并国二十，遂霸西戎。孝公用商鞅之法[⑥]，移风易俗，民以殷盛，国以富强，百姓乐用，诸侯亲服，获楚、魏之师，举地千里，至今治强。惠王用张仪之计[⑦]，拔三川之地，西并巴、蜀，北收上郡，南取汉中，包九夷，制鄢、郢，东据成皋之险，割膏腴之壤，遂散六国之从，使之西面事秦，功施到今。昭王得范雎，废穰侯，逐华阳[⑧]，强公室，杜私门，蚕食诸侯，使秦成帝业。此四君者，皆以客之功。由此观之，客何负于秦哉？向使四君却

客而不内[9]，疏士而不用，是使国无富利之实，而秦无强大之名也。

【注释】

①穆公:指秦穆公,春秋五霸之一。

②由余:春秋时晋国人,逃到西戎,秦穆公以礼招其归秦,并用其计统一了西戎各部。

③百里奚:其身世说法不一。传说他是楚国宛(今河南南阳)人,曾为楚大夫,后沦落为奴,被秦穆公用五张羊皮赎出,任为秦相,故又称五羖大夫。

④蹇叔:宋国人,与百里奚友善,经百里奚推荐,秦穆公聘其为上大夫。

⑤丕豹:晋国人,其父被晋惠公杀害后,投奔秦穆公,为大将,助秦攻晋。公孙支:字子桑,晋国人,后入秦,秦穆公任他为大夫。

⑥商鞅:姓公孙,名鞅。任秦相十年间,实行变法,使秦国强盛起来。

⑦张仪:魏国人,曾屡任秦相,主张"连横"策略。

⑧范雎:字叔,魏国人,曾被秦昭王任为秦相,提出"远交近攻"政策,秦国领土大为拓展。穰侯:秦昭王舅父魏冉的封号。华阳:指华阳君。秦昭王舅父芈戎。

⑨向使:假使。却:拒绝。内:同"纳"。

【译文】

"从前,秦穆公招纳贤士,从西戎聘请了由余,从东方的宛地得到百里奚,从宋国迎来蹇叔,从晋国招致丕豹、公孙支。这五位先生,都不是秦国人,可穆公任用他们,兼并了二十个小国,于是称霸西戎。孝公采用商鞅的新法,移风易俗,人民因而富裕兴旺,国家因而富强,百姓乐于为国效力,诸侯都对秦国顺从听命,打败了楚国、魏国的军队,扩展土地上千里,至今国家安定强盛。秦惠王采用张仪的计策，攻占三川的土地，西面吞并了巴、蜀之地，北面收取了上郡，南面夺取了汉中，吞并了九夷，控制了楚国的鄢、郢二城，东面占据了城皋的险要，割取了别国肥沃的土地，于是瓦解了六国的合纵联盟，迫使他们向西事奉秦国，功业一直延续到现在。昭王得到范雎，废掉穰侯，驱逐了华阳君，加强了朝廷的权力，遏制贵族王室的势力，一步步吞并了诸侯各国，使秦国成就了帝王的基业。这四位君王，都是依靠了外来客卿的功劳。由此看来，外来客卿有什么对不起秦国的地方呢？假使当初这四位君王拒绝外来人而不接纳，疏远贤士而不任用，那就会使秦国没有雄厚富裕的实力和强大的威名了。

“今陛下致昆山之玉[①]，有随、和之宝[②]，垂明月之珠，服太阿之剑[③]，乘纤离之马[④]，建翠凤之旗[⑤]，树灵鼍之鼓[⑥]。此数宝者，秦不生一焉，而陛下说之，何也？必秦国之所生然后可，则是夜光之璧不饰朝廷，犀象之器不为玩好，郑、卫之女不充后宫，而骏马駃騠不实外厩[⑦]，江南金锡不为用，西蜀丹青不为采。所以饰后宫、充下陈、娱心意、说耳目者，必出于秦然后可，则是宛珠之簪、傅玑之珥、阿缟之衣、锦绣之饰[⑧]，不进于前，而随俗雅化、佳冶窈窕赵女不立于侧也。夫击瓮叩缶，弹筝搏髀[⑨]，而歌呼呜呜、快耳目者，真秦之声也；郑、卫桑间，《韶》《虞》《武》《象》者，异国之乐也。今弃击瓮而就郑、卫，退弹筝而取《韶》《虞》，若是者何也？快意当前，适观而已矣。今取人则不然。不问可否，不论曲直，非秦者去，为客者逐。然则是所重者在乎色、乐、珠、玉，而所轻者在乎人民也。此非所以跨海内[⑩]，制诸侯之术也！

【注释】

①致：收罗。昆山：昆仑山，古代传说这里产玉。

②随：春秋时的小国，在今湖北随州。传说随侯有一颗名贵的宝珠，称“随侯珠”。和：春秋时楚国人卞和，据说他在山中发现一块璞玉，献给楚王，称“和氏璧”。

③服：佩戴。太阿：宝剑名。

④纤离：骏马名。

⑤翠凤之旗：以翠羽为装饰的旗子。

⑥鼍：俗名“猪婆龙”，一种鳄鱼，皮可以蒙鼓。

⑦駃騠：古代北方的名马。

⑧宛珠：宛地出产的珠子。傅：粘贴。玑：不圆的珠子。珥：耳环。阿缟：齐国东阿（今山东东阿）出产的白色的绢。

⑨筝：弦乐器。搏髀：拍着大腿打拍子。

⑩跨：指占领，据有。

【译文】

“如今陛下收罗到昆山的美玉，有随侯珠、和氏璧之类的珍宝，悬挂明月之珠，佩带太阿之剑，乘骑纤离之马，竖立翠凤旗帜，陈设灵鼍皮鼓。这几样宝物，秦国一件也不生产，而陛下您却喜爱它们，为什么呢？如果必须是秦国出产的才可以使用，那么夜光之璧就不会装饰在您的朝廷，犀角象牙制成的器物就不会为您所把玩赏识，郑国和卫国的美女就不会充满您的后宫，骏马駃騠就不会养在您的马棚里，江南的金锡不会用作器具，巴蜀的颜料不能用作彩饰。您所用来装饰后宫的珍宝、充实堂下的姬妾、娱乐心意的器物、愉悦耳目的音乐绘画等，如果一定要出产于秦国才可以使用，那么，这些镶嵌着宛珠的簪子、缀有小珠的耳环、东阿白绢做成的衣服、锦缎绣成的装饰品，就不可能进献到您面前，而且那些打扮入时、艳丽窈窕的赵国美女，就不会侍立在您面前。那些敲打陶罐瓦器、弹筝拍大腿，呜呜呀呀地歌唱以愉悦耳目的，才是真正的秦国音乐呢。郑、卫一带的民间音乐，《韶》《虞》《武》《象》的古曲，都是异国的音乐。如今，您不听敲击陶罐瓦器的秦乐而听郑、卫二国的音乐，不听弹筝而听《韶》《虞》，像这样做是为什么呢？还不是为了当前心情愉快、看起来舒适罢了。如今用人却不这样，不问可用还是不行，不分是非曲直，不属秦国的人士都离开，凡是外来客卿都驱逐。这样做只能说明您所重视的是女色、音乐、珠宝、美玉，而所轻视的却是人才。这可不是用来统一天下、制服诸侯的方法啊！

“臣闻地广者粟多，国大者人众，兵强则士勇[①]。是以泰山不让土壤，故能成其大；河海不择细流，故能就其深；王者不却众庶[②]，故能明其德。是以地无四方，民无异国，四时充美，鬼神降福，此五帝、三王之所以无敌也。今乃弃黔首以资敌国[③]，却宾客以业诸侯[④]，使天下之士退而不敢西向，裹足不入秦，此所谓‘藉寇兵而赍盗粮’者也[⑤]。

【注释】

①兵：武器。

②众庶：民众。

③黔首：百姓。黔，黑色。

④却：拒绝，排斥。业：成就功业。

⑤藉：借。赍：送给。

【译文】

“我听说，土地广阔粮食就充足，国家强大人民就众多，武器精良士兵就勇敢。因此，泰山不舍弃任何土壤，所以能够成就它的高大；河海不排斥任何细流，所以能够成就它的深广；帝王不拒绝所有百姓，所以能显示他的恩德。因此，土地不论东西南北，民众不分哪个国家，四季都富足美满，鬼神都来降福，这就是五帝三王之所以无敌于天下的原因。如今竟然抛弃百姓去资助敌国，排斥宾客以成就其他诸侯的功业，使天下的贤士退缩而不敢到西方来,停步不敢进入秦国,这就是所谓的'供给敌人武器,送给强盗粮食'的做法。

"夫物不产于秦,可宝者多;士不产于秦,而愿忠者众。今逐客以资敌国,损民以益仇,内自虚而外树怨于诸侯,求国之无危,不可得也!"

【译文】

"东西不出产于秦国,可以作为宝物的很多;贤士不出生于秦国,愿意效忠的也很多。如今驱逐外来客卿以资助敌国,损害民众以使仇敌得到好处,对内使自己虚弱,对外与诸侯结怨,想追求国家没有危险,是不可能的啊!"

秦王乃除逐客之令,复李斯官。

【译文】

秦王于是解除了逐客令,恢复了李斯的官职。

二十二、战国策·苏秦始将连横

【导读】

《战国策》又称《国策》，是战国时期的史书，史料按各诸侯国整理，记载的历史上至战国初年，下至秦始皇统一六国，其内容多为战国时期各国的军政大事，以及谋臣策士为各诸侯国游说政治主张和外交战略的故事。其中对谋臣的作用偶有夸张和虚构，并非完全忠于史实。《战国策》的作者应为多人，现已无从考证。现在流传的版本是西汉刘向编定的，共三十三篇文章，分为东周、西周、中山各一篇，宋、卫合为一篇，韩、燕各三篇，楚、赵、魏各四篇，秦五篇，齐六篇。《战国策》文学价值很高，是先秦散文的代表作之一。其语言犀利，论述精辟，对后世的散文产生了巨大影响，也留下很多脍炙人口的经典故事。

本篇节选自《战国策·秦策》。苏秦，字季子，是战国时期著名的纵横家和外交家，师从鬼谷子。他先主张连横，后主张合纵，在赵国赢得了赞同，后被任命为从约长，并且同时担任了六国的国相。本文是描述苏秦第一次游说秦王失败之后的故事。苏秦上书不成，仕途不顺；回家之后，又遭到家人的冷漠对待。他因此奋发图强，彻夜读书研习。“锥刺股”也成了后世激励读书人勤学苦读的典范。

说秦王书十上而说不行。黑貂之裘弊[1]，黄金百斤尽，资用乏绝，去秦而归。赢縢履蹻[2]，负书担橐，形容枯槁，面目犁黑，状有归色[3]。归至家，妻不下纴，嫂不为炊，父母不与言。苏秦喟然叹曰："妻不以我为夫，嫂不以我为叔，父母不以我为子，是皆秦之罪也。"乃夜发书，陈箧数十，得太公《阴符》之谋，伏而诵之，简练以为揣摩。读书欲睡，引锥自刺其股[4]，血流至足。曰："安有说人主不能出其金玉锦绣，取卿相之尊者乎?"期年，揣摩成，曰："此真可以说当世之君矣。"

【注释】

①弊：破烂。

②赢：缠绕。縢：绑腿布。蹻：草鞋。

③犁黑：同"黧黑"。归：通"愧"，愧疚。

④引：取，拿。

【译文】

苏秦游说秦王的奏章先后上了十次，连横主张始终未被采纳。他穿的黑貂皮衣破旧了，钱财也用光了，生活费用失去了来源，只好离开秦国回家。他腿上缠着绑腿，脚穿草鞋，背着书箱，挑着行李，神情憔悴，面色黄黑，脸上显出羞愧的神色。回到家里，正在织布的妻子不下机迎接，嫂子不烧火做饭，父母也不和他讲话。苏秦长叹道："妻子不把我当作丈夫，嫂子不把我当作小叔，父母不把我当作儿子，这都是我苏秦的过错啊。"当天晚上取出藏书，打开了几十个书箱，找到一部姜太公写的叫作《阴符》的谋略书，于是埋头苦读，选择精要处反复钻研。当读书困倦时，他就拿起锥子猛扎自己的大腿，鲜血流到了脚跟。他自言自语地说："哪里还会有游说列国君主而不能让他们拿出金玉锦绣、取得卿相高位的呢?"一年以后，苏秦钻研有得，他说："这下真能用来说服各国在位的君主了。"

二十三、礼记·学记（节选）

【导读】

孔子教授弟子有六经：《诗》《书》《礼》《乐》《易》《春秋》。这是中国古典文化中最高哲理的体现，其中的《礼》，后来称为《仪礼》，主要记载周代的冠、婚、丧、祭诸礼的“礼法”，受体例限制，几乎不涉及仪式背后的“礼义”，也就是之所以这样规定的原因所在。不了解礼义，仪式就成了毫无价值的虚礼。所以，孔门七十子后学在习礼的过程中，撰写了大量阐发经义的论文，总称之为“记”，故称《礼记》。《礼记》是从战国到汉代的儒家学者言论的资料汇编，为五经之一，是儒家极为重要的经典。其所记录的文章，有对《仪礼》这部经书的解读，有对礼仪制度的记录说明，有对孔子言论及时人杂事等的记录，内容涉及面广，也很复杂。这些资料是当时伦理观、阶级制度和治国思想等的集中反映，虽然有少量不符合现代社会的观点，但对于研究古代社会、继承中国传统文化有极高的价值。《礼记》有两种版本传世：一种是汉朝戴德所录，被称为《大戴礼记》；一种是戴德之侄戴圣的《小戴礼记》，共四十九篇，是现在通行的《礼记》版本。

本文节选自《礼记·学记》。汉郑玄称《学记》“以其记人学教之义”。《学记》是世界上最早的对教育和教学专门论述的文章，总结了先秦时期教与学的形式和经验，对教育与学习的作用和重要性有比较系统的解释，详细论述了教学的机制和教学之中的师生关系。本篇节选的四段论述都强调了学习的重要性。第一段认为要教化民众必须先重视学习；第二段以物喻人，还引用了经典《尚书》，指出“教学为先”；第三段、第四段则提出了教与学的一体性。

发虑宪[1]，求善良，足以謏闻[2]，不足以动众。就贤体远，足以动众，未足以化民。君子如欲化民成俗，其必由学乎！

【注释】

①宪：法度。

②謏：小。闻：声誉，名声。

【译文】

思想符合法则，招徕善良贤能的人，这样能博取小名声，却不足以感动大众。亲近贤人、体恤远方的臣民，这样能感动大众，却不足以教化人民。君子如果想要教化人民并形成良好的风俗，就必须从办学校、兴教育入手。

玉不琢，不成器；人不学，不知道[1]。是故古之王者建国君民，教学为先。《兑命》曰[2]："念终始，典于学[3]。"其此之谓乎！

【注释】

①道：天地之道和人伦之道。

②《兑命》："兑命"当作"说命"，《尚书》佚篇名。

③典：常。

【译文】

玉不雕琢，就不能成为有用的器物；人不学习，就不能知晓道理。所以古代的君王建立国家、治理人民，都把兴办教育放在首位。《尚书·兑命》说："自始至终，常常都惦记着致力于学习。"说得就是这个意思吧！

虽有嘉肴，弗食，不知其旨也；虽有至道，弗学，不知其善也。是故学然后知不足，教然后知困。知不足，然后能自反也；知困，然后能自强也。故曰：教学相长也。《兑命》曰："学学半[1]。"其此之谓乎！

【注释】

①学学半：教与学，各获益一半。上“学”字，即“教”，古“教”“学”为同一字。

【译文】

虽有美食佳肴，不亲口一吃，不知道它的美味；虽有深刻的道理，不亲自一学，不明白它好在哪里。所以，学习之后才知道自己的不足，教人之后才发觉自己的困惑。知道自己的不足，然后才能够反省自己；发觉自己的困惑，然后才能发奋图强。所以说：教与学是相互促进的。《尚书·兑命》说:“教与学，各获益一半。”说得就是这个意思吧！

古之教者，家有塾①，党有庠②，术有序③，国有学。比年入学④，中年考校。一年视离经辨志，三年视敬业乐群，五年视博习亲师，七年视论学取友，谓之小成。九年知类通达，强立而不反，谓之大成。夫然后足以化民易俗，近者说服而远者怀之，此大学之道也。《记》曰:“蛾子时术之⑤。”其此之谓乎！

【注释】

①塾：与下列“庠”“序”“学”皆古代学校名。据孔颖达《礼记正义》，古代二十五家为闾，同在一巷，巷首有门，门边有塾，居民子弟受教于塾。

②党：据《周礼·地官·大司徒》，五百家为党。党属于乡。

③术：通“遂”。据《周礼·地官·大司徒》，一万二千五百家为一遂。

④比年：每一年。

⑤蛾子时术之：旧注说，蚂蚁不停地衔土，最终垒成了土丘。蛾，蚂蚁。

【译文】

古代的教育，二十五家的闾有塾，五百家的党有痒，一万二千五百家的遂有序，天子、诸侯的国有学。每年有新生入学，隔一年考核一次。入学一年后，考核句读能力并辨别学习兴趣的方向；入学三年后，考核是否专心学习且善于合群；入学五年后，考核是否精专广博且敬爱师长；入学七年后，考核讲论学问及识人交友的能力。如果能做到这些，称为“小成”。入学九年后，知道触类旁通，能独立、有原则而不违反师教，称为“大成”。学业大成后，就足以教化人民、改变风俗，使亲近的人心悦诚服，而远方的人也愿意归附。这就是大学教育的宗旨。《记》说：“蚂蚁不停地衔土，终于垒成了土堆。”说得就是这个意思吧！

二十四、史记·太史公自序

【导读】

《史记》原称《太史公书》，为西汉史学家司马迁所著。司马迁自幼随父学习经史，承其思想，立志作一史书，欲以“究天人之际，通古今之变，成一家之言”。他曾于多处访学游历，探寻陈迹故事，为写作《史记》这一皇皇巨著收集了丰富的素材。司马迁因李陵事受腐刑，痛不欲生，然抱有著书之志，终不气馁，遂刻苦为文，乃成千秋之功业，不负其心气。他文采非凡，塑造了诸多鲜活的人物形象，千百年后读来仍旧凛凛有生气，是后世史家所未及者也。

《史记》开创了纪传体的记录方式，于中国古代史学有发明之功，影响深远。其自轩辕黄帝起，至汉孝武帝终，作十二本纪、十表、八书、三十世家、七十列传等，凡百三十篇，五十二万六千五百余字。其中所传人物有帝王、诸侯、名士、将相，不一而足；书则记述天文、地理、礼仪、工程，包罗万象；表则序列时间、大事、人物，一目了然。此外，它首创史官评论，每篇传记之后的“太史公曰”简洁凝练，或概括大意，或抒发情感，或阐述道理，或发表见解，皆为妙文，引人深思，不禁慨然。

《太史公自序》是《史记》最后一篇列传，讲述了司马迁父子的人生经历，也阐明了其创作此书的来龙去脉。他用与上大夫壶遂的问答，剖析了自己的心路历程，俨然以周公、孔子之后继者自况。他行文之中多处提及儒家经典与孔子生平，可见他对此研究颇深。读者可以从中知道他作为一个史家、儒者的创作初心。“史家之绝唱，无韵之离骚”如是也。

《易大传》[①]："天下一致而百虑，同归而殊涂。"夫阴阳、儒、墨、名、法、道德，此务为治者也，直所从言之异路，有省不省耳。尝窃观阴阳之术，大祥而众忌讳，使人拘而多所畏；然其序四时之大顺[②]，不可失也。儒者博而寡要，劳而少功，是以其事难尽从；然其序君臣父子之礼，列夫妇长幼之别，不可易也。墨者俭而难遵，是以其事不可遍循；然其强本节用，不可废也。法家严而少恩；然其正君臣上下之分，不可改矣。名家使人俭而善失真[③]；然其正名实，不可不察也。道家使人精神专一，动合无形，赡足万物[④]。其为术也，因阴阳之大顺，采儒墨之善，撮名法之要，与时迁移，应物变化，立俗施事，无所不宜，指约而易操，事少而功多。儒者则不然。以为人主天下之仪表也，主倡而臣和，主先而臣随。如此则主劳而臣逸。至于大道之要[⑤]，去健羡，绌聪明，释此而任术。夫神大用则竭，形大劳则敝。形神骚动，欲与天地长久，非所闻也。

【注释】

①《易大传》：即《易系辞》，解释《周易》的重要著作之一。

②序：排列，讲究。

③名家：先秦时期以辩论名实问题为中心的学派，主要代表人物有尹文、公孙龙等。

④赡：养，供给。

⑤大道之要：道家学说的基本原则。要，要点，基本的东西。

【译文】

《易系辞》说："大家都希望天下太平，但如何实现太平，人们各自的想法就不一样了。大家都是向着一个共同的目标，而各人所走的道路却互不相同。"阴阳家、儒家、墨家、名家、法家、道德家，都是全力为了把国家治理好的学派，只不过各自的说法不同，有的好一些有的差一些就是了。我曾经考察过阴阳家的学说，它过分地讲究祥瑞灾异，禁忌太多，把人都束缚了起来，使人什么事都不敢做，这是它的短处；但是它所排出的春夏秋冬的顺序以及在每个季节应该干什么，这是不可错乱的。儒家的学说过于繁琐使人得不到要领，费力多而成效少，因此它规定的事情让人无法照办，但是它所讲究的那种君臣父子之间的礼节、夫妇长幼之间的规矩，那是不能改变的。墨家过分地强调节俭，使人难以遵循，因此他们的主张不能全部接受；但是他们所强调的发展生产，节省开支，那是绝对正确的。法家办事严厉，刻薄少恩，有其所短；但他们划清君臣上下的等级名分，这是不能改动的。名家讲究名分过于束缚人性，容易引导人弄虚作假，此其所短；但是他们提倡的那种名实相副，我们也是不能不讲的。道家主张清静，能使人的精神专一，希望人的一切活动都符合客观规律，以自己的不变来应外界的万变。道家的学说是吸取了阴阳家所讲的四时变化的规律，采纳了儒、墨两家学说的优点，摄取了名家、法家的精华，随着时间和客观事物的变化而变化，顺着风俗人情采取措施，因此不论干什么都恰如人意，道家的道理简明使人容易掌握，按照这种学说办事就能费力少而收效大。相比之下，儒家就不同了，他们认为国君应该成为天下的表率，国君倡导，下面响应，只要国君首先带头，下面也就能够跟上。这样一来，做国君的就很劳累，而下面做臣子的却很清闲。道家就不这样，他们的学说的基本点就是不要刚强、不要贪欲，眼不要太明，耳不要太聪，放弃这一切的人为，而顺应外界的规律。一个人，精神用得过度就会枯竭，身体过分劳累就要生病。整天把自己搞得筋疲力尽，还想着长生不死，这种事没听说过。

夫阴阳四时、八位、十二度、二十四节各有教令[①]，顺之者昌，逆之者不死则亡。未必然也，故曰“使人拘而多畏”。夫春生夏长，秋收冬藏，此天道之大经也[②]，弗顺则无以为天下纲纪，

故曰“四时之大顺，不可失也[3]”。

【注释】

①教令：禁忌。

②大经：大纲领，大法则。

③失：乱。

【译文】

阴阳家给一年四季、八方位置、十二星次、二十四节气都规定了各种禁忌，顺着它就会万事亨通，违背了它就会倒霉死亡，其实根本没这回事，所以我们说它“把人都束缚了起来，使人什么事都不敢做”。至于春生夏长、秋收冬藏，这是自然界的法则，如果不遵循它就会一切乱套。所以说它“春夏秋冬的顺序以及在每个季节应该干什么，这是不可错乱的”。

夫儒者以六艺为法[1]。六艺经传以千万数，累世不能通其学，当年不能究其礼，故曰“博而寡要，劳而少功”。若夫列君臣父子之礼，序夫妇长幼之别，虽百家弗能易也[2]。

【注释】

①六艺：指《诗》《书》《礼》《乐》《易》《春秋》六种儒家经典。

②易：改变。

【译文】

儒家把《易》《礼》《书》《诗》《乐》《春秋》这六部书作为经典。但这些书的原文和解释这些书的著作，加起来有几千万字，几辈子也不能通晓它的学问，学到老也学不好那些繁琐的礼节，所以说它“过于繁琐使人得不到要领，费力多而成效少”。至于它所规定的那些君臣父子之间的礼节，夫妇长幼之间的规矩，那是无论哪一家都不能改变的。

墨者亦尚尧舜道，言其德行曰：“堂高三尺[1]，土阶三等，茅茨不剪，采椽不刮。食土簋，啜土刑[2]，粝粱之食，藜藿之羹[3]。

夏日葛衣[④]，冬日鹿裘。”其送死，桐棺三寸，举音不尽其哀。教丧礼，必以此为万民之率。使天下法若此，则尊卑无别也。夫世异时移，事业不必同，故曰“俭而难遵”。要曰强本节用，则人给家足之道也。此墨子之所长，虽百家弗能废也。

【注释】

①堂：殿堂，正屋。

②刑：通“型”。

③藜藿：泛指野菜粗食。

④葛衣：粗布衣。

【译文】

墨家也是推崇尧舜的道德，他们说尧舜的生活情景是：“正房的地基只有三尺高，土筑的台阶只有三级，苫房顶的茅草都不修剪，屋顶上的椽子都不刮削。盛饭用陶碗，喝汤用瓦盆，粗米饭，野菜汤。夏天葛布衣，冬天鹿皮袍。死后的桐木棺材只有三寸厚，送殡的人们也是哭上几声就完了。”教给百姓们的丧礼如果都是这个样子，让天下人都永远按照这个样子办，那还有什么尊卑贵贱的区别呢？世道、时间变化了，就不能要求人们永远按照老法子。所以我们说他们是“过分地强调节俭，使人难以遵循”。但是他们所讲的发展生产，省吃俭用，则的确是让每人每家都富裕起来的最好途径。这是墨家的长处，是哪一家也否定不了的。

法家不别亲疏，不殊贵贱，一断于法，则亲亲尊尊之恩绝矣[①]。可以行一时之计，而不可长用也，故曰“严而少恩”。若尊主卑臣，明分职不得相逾越[②]，虽百家弗能改也。

【注释】

①亲亲尊尊：爱自己的亲属，尊敬自己所尊重的人。

②分职：名分与职责。

【译文】

法家遇到事情不管亲缘远近，不管地位高低，法律面前人人平等，这样一来，那种爱亲人、尊长辈的美德就没有了。它只能取一时的功效，而不可能维持长治久安，所以我们说它“办事严厉，刻薄少恩”。但是它那种君主集权，抑制臣下，明确各自职分不准互相越界的做法，也是任何一家都无法改变的。

名家苛察缴绕，使人不得反其意，专决于名而失人情，故曰“使人俭而善失真”。若夫控名责实[1]，参伍不失[2]，此不可不察也。

【注释】

①控：按照。责：求。

②参：错杂。伍：排列。

【译文】

名家过于纠缠细节，使人不能表现自己的本性，它一切都是讲形式上的名分，而扭曲了人的真情，所以我们说它“过于束缚人性，容易引导人弄虚作假”。至于名家主张名实相副，要进行对证比较，这也是不能不省察的。

道家无为，又曰无不为，其实易行，其辞难知。其术以虚无为本，以因循为用[1]。无成埶，无常形，故能究万物之情。不为物先，不为物后，故能为万物主。有法无法，因时为业；有度无度，因物与合。故曰“圣人不朽，时变是守。虚者道之常也，因者君之纲”也。群臣并至，使各自明也。其实中其声者谓之端[2]，实不中其声者谓之窾[3]。窾言不听，奸乃不生，贤不肖自分，白黑乃形。在所欲用耳，何事不成。乃合大道，混混冥冥。

光燿天下[4]，复反无名[5]。凡人所生者神也，所托者形也。神大用则竭，形大劳则敝，形神离则死。死者不可复生，离者不可复反，故圣人重之。由是观之，神者生之本也，形者生之具也[6]。不先定其神形，而曰“我有以治天下”，何由哉?

【注释】

①以因循为用：以因循自然、适应客观为方法。

②端：正。

③窾：空，不实。

④燿：同“耀”。

⑤反：通“返”。

⑥具：基础，物质因素。

【译文】

道家主张的是“无为”，也可以叫作“无不为”。做起来是很容易的，说起来有点不好理解。它的学说以虚无为理论基础，以顺应自然为实用原则。基本点是讲究清静、虚无，具体做法就是顺应客观形势。因为它自己没有一成不变的形和势，所以它就能够适应一切外界事物。因为它不做超越物情的事，也不做落后物情的事，所以它就能够成为万物的主宰。至于法度，可以说要，也可以说不要。这要随着时间和对象的变化而变化。所以说“圣人是不朽的，因为它能把握形势的变化。虚无是大道的根本，顺应是君主治国的大纲”。把群臣召集起来，让他们明确自己的职分，凡是行动和言论一致的就是“实事求是”，凡是行动和言论不一致的就是“哗众取宠”，当国君的如能不听哗众取宠的话，那些奸伪的人就将无法立足，那时是好是坏、是白是黑也就分明了。那时你再择贤而用，还有什么事情办不成呢？这样才会合乎大道，成了混混冥冥的一片了，虽然也能够普照天下，但最后还是要回到清虚无为的境界。大凡一个人活着，就是因为有精神，而精神的依托就是人的身体。一个人的精神用得过分就会枯竭，一个人的身体过分劳累就会垮掉，形、神分离就会死亡。人一死就不能再活，精神一离开身体就不可能再回来，所以圣人特别注意养生。由此看来，精神是人生命的根本，肉体是生命的依托。一个人如果不能先保养好自己的精神与形体，却说什么“我有办法治理天下”，凭借的又是什么呢？

二十五、汉书·倪宽赞

【导读】

《汉书》的作者是东汉的班固（32—92），他字孟坚，生于扶风安陵（今陕西咸阳），为史学家班彪之子，军事家、外交家班超之兄。班固自幼聪敏，《太平御览》评论说“年九岁能属文，诵诗赋，及长，遂博贯载籍，九流百家之言，无不穷究”。当时由于《史记》的记载只到汉武帝年间就停止了，很多人尝试续写《史记》，但是班彪并不满意这些续作，并自己“作《后传》六十五篇”。班彪去世以后，班固子承父业，完成了这部史书。《汉书》不仅是我国重要的历史典籍，而且还是重要的美文，其文笔极为老道雄成，后世有“《汉书》下酒”的典故美谈。

这篇《倪宽赞》是《汉书·公孙弘卜式倪宽传》后附的赞。汉武帝的时候，社会逐渐安定，继承了前朝丰厚的积蓄，拥有全国充沛的人力，汉武帝于是在内修整政治完善制度，在外用兵平定四方。这时候正值国家用人之际，所以皇帝能够屈尊迎接贤能的人，这可以与千金买马的典故相提并论。有能力的人因此有了用武之地，得以各自彰显本领，于是成就了功名。赞辞列数汉武帝、宣帝两朝名臣，就是铁证。宣帝得到的人才评价逊色一筹，这难道不是施展才华的机遇不足的原因吗？

赞曰：公孙弘、卜式、倪宽皆以鸿渐之翼困于燕爵[1]，远迹羊豕之间[2]，非遇其时，焉能致此位乎？是时，汉兴六十余载，海内艾安[3]，府库充实，而四夷未宾，制度多阙。上方欲用文武，求之如弗及，始以蒲轮迎枚生，见主父而叹息。群士慕向，异人并出。卜式拔于刍牧，弘羊擢于贾竖，卫青奋于奴仆，日磾出于降虏，斯亦曩时版筑饭牛之明已[4]。汉之得人，于兹为盛，儒雅则公孙弘、董仲舒、倪宽，笃行则石建、石庆，质直则汲黯、卜式，推贤则韩安国、郑当时，定令则赵禹、张汤，文章则司马迁、相如，滑稽则东方朔、枚皋，应对则严助、朱买臣，历数则唐都、洛下闳，协律则李延年，运筹则桑弘羊[5]，奉使则张骞、苏武，将率则卫青、霍去病，受遗则霍光、金日磾[6]，其余不可胜纪。是以兴造功业，制度遗文，后世莫及。孝宣承统，纂修洪业，亦讲论六艺，招选茂异[7]，而萧望之、梁丘贺、夏侯胜、韦玄成、严彭祖、尹更始以儒术进，刘向、王褒以文章显，将相则张安世、赵充国、魏相、丙吉、于定国、杜延年，治民则黄霸、王成、龚遂、郑弘、召信臣、韩延寿、尹翁归、赵广汉、严延年、张敞之属，皆有功迹见述于世。参其名臣[8]，亦其次也[9]。

【注释】

①鸿：大雁。渐：进也，此喻公孙弘等有鸿之大材，未进之时为燕雀所轻。

②远迹：远窜其迹。

③艾安：太平无事。

④版筑饭牛之明已：指傅说、宁戚。相传商代傅说原是傅岩地方从事版筑的奴隶，后被商王任理国政。宁戚，即宁越。相传春秋时齐桓公郊迎客，宁戚饭牛车下，望见桓公而悲，击牛角而疾商歌。桓公以为非常人，命以后车载之而归，用为客卿。

⑤运筹：划策。

⑥受遗：受先帝之遗命。

⑦茂异：茂才异等之简称，为汉代选拔人才的科目之一。

⑧参：考察之意。

⑨其次：谓次于武帝时之臣。

【译文】

赞辞如下：公孙弘、卜式、倪宽在还没有发迹时，犹如鸿雁困于燕雀之间，与牧羊为伴，远离朝堂，不逢际遇，岂能够登上如此高的位置？在当时，汉朝建国已经六十几年，海内祥和安宁，府库充实，然而四夷尚未臣服，制度还有缺失。武帝雄才大略，希望在文武方面都有所建树，因此求贤若渴，最初以安车蒲轮迎接枚乘到长安来，见到主父偃后喟叹人才难得。天下贤士纷纷汇聚至长安，奇才异士不断地涌现。卜式出身于牧羊人，桑弘羊拔擢于商人中，卫青原来是骑奴，金日磾来自于匈奴降虏。他们如同上古时商代的傅说、春秋时的宁戚，原来只是筑城、喂牛的下等人。汉朝得人才，尤其在武帝朝，可谓是人才辈出。以鸿儒闻名的有公孙弘、董仲舒、倪宽，行为堪为楷模的有石建、石庆，以直言敢谏的有汲黯、卜式，以推举贤才为己任的有韩安国、郑当时，为汉代制定律令的有赵禹、张汤，以文章著称的有司马迁、司马相如，以滑稽讽谏闻名于后世的有东方朔、枚皋，应对策问、解答疑难的有严助、朱买臣，以制定历法、算术著称的有唐都、洛下闳，以音乐协律闻名的有李延年，以运筹经济闻名的有桑弘羊，奉使外邦、不辱使命而名扬后世的有张骞、苏武，驰骋疆场、杀敌立功的有卫青、霍去病，接受遗诏、再造中兴的有霍光、金日磾，其余英才俊杰更是难以计数。他们创立下的丰功伟绩，制定出的文法制度，后世难以企及。孝宣皇帝继位之后，继续纂修洪业，也重视六经讲论，招揽贤才，拔擢能吏，继而萧望之、梁丘贺、夏侯胜、韦玄成、严彭祖、尹更始均是以儒术得到提拔重用，刘向、王褒以文章在当时显名，卓越的将相还有张安世、赵充国、魏相、丙吉、于定国、杜延年，治理百姓成绩卓著的有黄霸、王成、龚遂、郑弘、召信臣、韩延寿、尹翁归、赵广汉、严延年、张敞等人，他们都是有着卓越才能的良臣，创下的业绩流芳于后世。但是与武帝朝的勋臣们相比，还是有距离。

二十六、法言·学行卷第一

【导读】

《法言》的作者是汉代的扬雄，所以又称《扬子法言》。扬雄，字子云，蜀郡成都（今四川成都）人，是我国西汉末年重要的哲学家、文学家和语言学家。扬雄年少时口吃，然异常好学，博览群书，长于辞赋。年四十余，始游京师长安，以文见召，奏《甘泉》《河东》等赋。成帝时任给事黄门郎。王莽时任大夫，校书天禄阁。扬雄是继司马相如之后西汉最著名的辞赋家，文采斐然，妙笔生花，所谓“歇马独来寻故事，文章两汉愧扬雄”。大家熟悉的刘禹锡文章《陋室铭》中“西蜀子云亭”的西蜀子云就是扬雄。

扬雄认为“传莫大于《论语》”，于是模仿《论语》的体裁，撰写《法言》。《法言》的内容比较庞杂，除了反映扬雄的哲学思想外，还涉及政治、经济、军事、文学、艺术、科学等许多方面，内容丰富，见解深刻。扬雄在《法言》中批判了儒学自身的堕落，批判了谶纬神学，主张“事在人为”。在人性论上，他认为善恶一体，最终的善恶取决于教化。他也承认历史是发展变化的。

我们节选的几章来自《学行》篇，在此篇中扬雄集中讨论了教育问题。扬雄认为学习可分为“行之”“言之”“教人”“众人”这四重境界。“学以治之，思以精之”，最终“不倦以终之”，达到“不羡”的境界，才能称为“好学”。文中还表现了对孔子的推崇，认为孔子是天道的宣讲和践行者，借此强调了宣讲教化的作用。

学[1]，行之，上也；言之[2]，次也；教人[3]，又其次也；咸无焉，为众人[4]。

【注释】

①学：学问，学说。

②言：著述，即著书立说以宣传自己的学说。

③教：传授，指当时的儒者以儒家经典教授弟子。

④众人：一般的人。

【译文】

对于学问，能够推广实行它，最为上；能够著书立说解释它，是其次；能够把它传授给别人，又其次；如果这些一样都做不到，便是众多的平常人。

或曰："人羡久生，将以学也[1]。可谓好学已乎[2]？"

曰："未之好也。学不羡。"

【注释】

①将以学也：将用来学习。

②可谓：可以说。好：喜爱。

【译文】

有人问："有的人希望长命长生，以便用来学习。可以说是好学吗？"

扬子回答说："这不是好学。好学的人除了学习以外没有别的欲望。"

天之道不在仲尼乎[1]？仲尼，驾说者也[2]，不在兹儒乎[3]？如将复驾其所说[4]，则莫若使诸儒金口而木舌[5]。

【注释】

①天之道：天理，天命。

②驾说：放下了所驾的车。隐喻死了。

③兹儒：这些儒者，指当时的儒者。兹，此。

④复驾其所说：把停放的车子再驾起来，比喻重新担当起孔丘的任务。

⑤金口而木舌：指木铎。铎以金属制成，故称金口，铎舌木制称木铎。

【译文】

宣讲和实行天道的任务，不是由孔子承担着吗？孔子死后放下了这个任务，不是由当今儒生承担着吗？如果要重新承担起孔子放下的任务，就没有比使诸儒成为像金口木舌的木铎那样响亮地向民众宣讲天道更好的办法。

或曰："学无益也，如质何①？"

曰："未之思矣。夫有刀者砻诸②，有玉者错诸③。不砻不错，焉攸用④？砻而错诸，质在其中矣；否则辍⑤。"

【注释】

①如质何：奈质何，对质有什么作用呢？如，奈。质，本质，材质。

②砻：磨。

③错：磨石。这里作动词用，琢磨的意思。

④焉攸用：何所用，有什么用呢？焉，何。攸，所。

⑤辍：停止。

【译文】

有人问："学习是没有什么益处的，学习对人的本性能有什么作用呢？"

扬子回答说："这种说法是没有经过思考的缘故。有刀要加以磨砺，有玉要加以雕琢。不磨砺，不雕琢，刀和玉有什么用处呢？对刀和玉加以磨砺和雕琢，它们的本质就在这个过程中形成了；不磨砺，不雕琢，就成不了刀和玉。”

螟蛉之子[①]，殪而逢蜾蠃[②]。祝之曰[③]：“类我[④]，类我。”久则肖之矣[⑤]。速哉！七十子之肖仲尼也[⑥]。

【注释】

①螟蛉：鳞翅目昆虫螟蛾的青色幼虫。

②殪：死。

③祝：祈祷。

④类：像。

⑤肖：似。

⑥七十子：指孔子的优秀门生，据说有七十余人。

【译文】

蜾蛉的幼虫，死后遇见蜾蠃。蜾蠃祷告说：“像我吧！像我吧！”祷告的时间长了，螟蛉的幼虫就变得像蜾蠃一样了。孔子的七十弟子变得像孔子一样，比这还要快呀！

学以治之[①]，思以精之[②]，朋友以磨之[③]，名誉以崇之，不倦以终之，可谓好学也已矣！

【注释】

①治：培养，教育。

②精：除去芜杂，抓住精华。

③磨：切磋琢磨。

【译文】

如果能够通过学习提高修养，运用思考吸取精华，依靠朋友互相切磋，获得声誉受到尊崇，还坚持不懈贯彻始终，就可以称得上好学了吧！

孔子习周公者也[①]，颜渊习孔子者也[②]。羿、逢蒙分其弓[③]，

良舍其策[4]，般投其斧[5]，而习诸，孰曰非也？

或曰："此名也，彼名也，处一焉而已矣。"

曰："川有渎[6]，山有岳[7]。高而且大者，众人所不能逾也[8]。"

【注释】

①习：学习，仿效。周公：姓姬名旦，周文王之子，周武王之弟，因其采邑在周（今陕西岐山北），故称"周公"。

②颜渊：颜回，字子渊，春秋末年鲁国人。他是孔子最赞赏的学生，以德行著称。

③羿：古代传说中的善射之人。

④良：即王良，春秋时代著名的善御者。

⑤般：即公输般，春秋战国之际鲁国的巧匠，所以又叫鲁班。

⑥渎：古代把独流入海的大河称为"渎"，以别于注入其他江河的支流。《尔雅·释水》："江、河、淮、济为四渎。四渎者，发源注海也。"

⑦岳：高大的山。

⑧逾：超越。

【译文】

孔子是学习周公的人，颜渊是学习孔子的人。如果后羿、逢蒙拆掉他们的弓，王良扔掉他的马鞭，公输般抛弃他的斧子，来学习周公、孔子、颜渊，谁能说不对呀？

有人说："周公、孔子、颜渊得到的是这样一种名，后羿、逢蒙、王良、公输般得到的是那样一种名。能得到其中任何一种名就可以了吧。"

扬子说："河流中有大河叫渎，山陵中有高山叫岳。高尚而且伟大的圣贤，是一般人所不能超越的。"

或问："世言铸金[1]，金可铸与？"

曰："吾闻，觌君子者问铸人[②]，不问铸金。"

或曰："人可铸与？"

曰："孔子铸颜渊矣。"

或人踧尔曰[③]："旨哉[④]！问铸金，得铸人。"

【注释】

①铸金：炼石成金。

②觌：见。

③踧尔：惊喜的样子。踧，惊喜。

④旨：美，好。

【译文】

有人问："世人说能炼石铸金，黄金可以铸化出来吗？"

扬子回答说："我听说见到君子的人，只问能不能炼成人，不问能不能炼成金。"

那人又问："人可以炼成吗？"

扬子回答说："孔子炼成颜渊了。"

那人惊喜地说："好呀！我问能不能炼成金，却知道了能不能炼成人。"

学者，所以修性也[①]。视、听、言、貌、思，性所有也[②]。学则正，否则邪。

【注释】

①性：人性，心性。

②"视、听"二句：本于《尚书·洪范》："五事：一曰貌，二曰言，三曰视，四曰听，五曰思。貌曰恭，言曰从，视曰明，听曰聪，思曰睿。恭作肃，从作乂，明作哲，聪作谋，睿作圣。"

【译文】

学习是为了修治人性的。观看、聆听、言谈、容貌、思想，都是人性的组成部分。坚持学习，这些行为才会端正；否则，这些行为就会邪恶。

师哉，师哉！桐子之命也[①]。务学不如务求师[②]。师者，人之模范也。模不模，范不范，为不少矣！

【注释】

①桐子：即童子，指未成年无知识的人。

②务：从事。求：寻找。

【译文】

老师呀，老师呀！他是影响改变童蒙无知之人本性的人。所以单纯努力学习不如努力寻找老师。老师是人的模范。用模范的行为纠正不模范的行为，用模范的人格改造不模范的人格，这样的事真不少呀！

一閧之市[①]，不胜异意焉[②]；一卷之书[③]，不胜异说焉。一閧之市，必立之平[④]；一卷之书，必立之师。

【注释】

①閧：同“巷”，胡同。

②不胜：不可胜数，数不尽。

③书：这里指儒家的经传。

④平：市场上官定的物价。

【译文】

一个小胡同里的市场，也有无数不同的价格；一本只有一卷的经书，也有无数不同的解释。所以，一个小胡同里的市场，也必须制定统一的价格；一本只有一卷的经书，也必须任命传授的教师。

习乎习[①]！以习非之胜是也，况习是之胜非乎！於戏！学者审其是而已矣。

或曰："焉知是而习之？"

曰："视日月而知众星之蔑也[②]，仰圣人而知众说之小也。"

【注释】

①习乎习：学习呀学习。

②蔑：小而少光。

【译文】

学习呀学习！用学习错误的学说就会排斥正确的学说，何况是学习正确的学说来战胜错误的学说呢！唉！关键是学习的人要考辨明白哪些是正确的学说。

有人问："如何知道哪些是正确的学说而去学习呢？"

扬子回答说："看见太阳和月亮就知道众多星光的微弱，谛听圣人的道理就知道其他学说的琐屑浅显。"

学之为王者事[①]，其已久矣。尧、舜、禹、汤、文、武汲汲，仲尼皇皇[②]，其已久矣。

【注释】

①王者：统一天下的人。

②皇皇：通"遑遑"或"惶惶"，匆忙不安的样子。

【译文】

为王必须学习，那是很久以来的传统了。唐尧、虞舜、夏禹、商汤、周文王、周武王忙碌不倦地讲求学问，孔子匆忙不安地讲求学问，那是很长时间的事情了。

或问进[①]。

曰："水。"

或曰："为其不舍昼夜与[②]？"

曰："有是哉！满而后渐者，其水乎[③]！"

或问鸿渐。

曰："非其往不往，非其居不居，渐犹水乎？"

请问木渐。

曰："止于下而渐于上者[④]，其木也哉？亦犹水而已矣！"

【注释】

①进：指仕进。

②舍：居住，停留。

③渐：进。

④止：居，扎根。

【译文】

有人问如何进取。

扬子回答说："就像水一样。"

那人问："是因为水昼夜不停地奔流吗？"

扬子回答说："是这样啊！把坑灌满以后又往前流的，不是水吗？"

有人问对鸿雁行止的看法。

扬子回答说："不是它应该去的地方就不去，不是它应该住的地方就不住，它的行止就像水一样呀！"

有人问对树木生长的看法。

扬子回答说："树根深固在地下，枝条长进向上，不就是树木吗？也像水一样呀！"

吾未见好斧藻其德若斧藻其楶者也[①]。

【注释】

①斧藻：雕刻文饰。

【译文】

我从来没见过爱好雕刻修饰自己的道德，就像雕刻修饰自己房间里屋梁上的柱头那样的人。

鸟兽触其情者也[1]。众人则异乎[2]？贤人则异众人矣！圣人则异贤人矣！礼义之作有以矣夫[3]！人而不学，虽无忧，如禽何？

【注释】

①触：动。

②众人：一般人。

③作：制定，规定。

【译文】

鸟兽是受它的情欲冲动支配的。一般人就不同了吧？贤人就不同于一般人！圣人就不同于贤人！所以礼仪的制定，是有道理的呀！人如果不学习礼仪，即使没有忧愁，又和禽兽有什么区别呢？

学者，所以求为君子也。求而不得者有矣，夫未有不求而得之者也。

【译文】

学习，是因为企求成为君子。企求成为君子而又成不了君子的人是有的，却没有不企求成为君子而能成为君子的人。

睎骥之马[1]，亦骥之乘也[2]；睎颜之人，亦颜之徒也[3]。

或曰："颜徒易乎？"

曰："睎之则是。"

曰："昔颜尝睎夫子矣，正考甫尝睎尹吉甫矣[4]，公子奚斯尝

晞正考甫矣[⑤]。不欲晞，则已矣；如欲晞，孰御焉？”

【注释】

①晞：望也，仰慕意。

②骥：良马。乘：古时一车四马为一乘，引申为类别、等级之意。

③颜之徒：颜回一类的人。徒，党类。

④正考甫：又作“正考父”，春秋时期宋国上卿。尹吉甫：周宣王时的贤臣，曾北伐猃狁，收复太原。

⑤公子奚斯：公子鱼，字奚斯，鲁国人。

【译文】

仰慕良马的马，也是良马一类的马；仰慕颜回的人，也是颜回一类的人。

有人问:“成为颜回一类的人容易吗?”

扬子回答说:“肯学习就可以做到。”

扬子又说:“古时候颜回曾经学习过孔夫子，正考甫曾经学习过尹吉甫，公子奚斯曾经学习过正考甫。不想学习就算了；如果想学习，谁阻挡得了呢?”

或曰：“书与经同而世不尚，治之可乎[①]？”

曰：“可。”

或人哑尔笑曰[②]：“须以发策决科。”

曰：“大人之学也为道，小人之学也为利。子为道乎？为利乎？”

或曰：“耕不获，猎不飨，耕猎乎[③]？”

曰：“耕道而得道，猎德而得德，是获飨已。吾不睹参、辰之相比也[④]。是以君子贵迁善。迁善者，圣人之徒与？百川学海而至于海，丘陵学山不至于山，是故恶夫画也。”

【注释】

①治：研究。

②哑尔：笑出声音来的样子。哑，笑。

③“耕不获”三句：获，收割庄稼。飨，与“享”通。狩猎完毕，众献其所获叫“飨”。

④参、辰：二星宿名，此出彼没，不同时出现。

【译文】

有人问:“有些书籍和官方经典有同等的价值，但在社会上不受尊崇，可以学习研究它们吗?”

扬子回答说:“可以。”

那人笑出声来说:“读书研究学问必须用来应考做官。”

扬子说:“君子从事学习研究是为了真理，小人从事学习研究是为了私利。你是为了真理呢，还是为了私利呢?”

那人问:“耕种得不到收获，狩猎得不到猎物，还会耕种和狩猎吗?”

扬子回答说:“耕种真理而得到真理，猎取道德而得到道德，就是收获和猎物。我从来没有看到过参星和辰星同时出现在天空上。所以君子珍视培养善良的品德。能够培养善良品德的人，就是圣人的弟子一类的人了吧？河流向往大海而达到了大海，丘陵学习高山而没有达到高山，所以我憎恶停顿不前。”

频频之党甚于鸰斯①，亦贼夫粮食而已矣②。朋而不心③，面朋也④；友而不心，面友也。

【注释】

①频频：群聚党比。

②贼：败坏，毁害。

③心：在这里作动词用，是交心的意思。

④面：表面。

【译文】

群聚游宴的集团，比鸨斯鸟还不如，无非是糟蹋粮食罢了。作为群体而没有共识，是形式上的群体；与人交好而没有诚心，是表面上的友好。

或谓："子之治产不如丹圭之富[①]。"

曰："吾闻先生相与言，则以仁与义；市井相与言，则以财与利。如其富[②]！如其富！"

或曰："先生生无以养也，死无以葬也，如之何?"

曰："以其所以养，养之至也；以其所以葬，葬之至也。"

【注释】

①治：经营。产：产业。

②如其富：这就是他的富。

【译文】

有人说："先生经营的财产不如丹圭那样富。"

扬子说："我听说，先生们在一起谈话，就谈论仁和义；商人们在一起谈话，就谈论财和利。这就是他的富吧！那就让他富吧！"

那人问："如果先生活着时没有东西奉养自己，死后没有东西安葬自己，怎么办呢?"

扬子回答说："以那用来奉养自己的东西来奉养，就是最好的奉养；以那用来安葬自己的东西来安葬，就是最好的安葬。"

或曰："猗顿之富以为孝[①]，不亦至乎！颜其馁矣。"

曰："彼以其粗[②]，颜以其精[③]；彼以其回[④]，颜以其贞[⑤]。颜其劣乎！颜其劣乎！"

【注释】

①猗顿：春秋末年鲁国大商人，以煮盐和经营畜牧业致富。因发家于猗氏，故名“猗顿”。

②彼：指猗顿。粗：糟粕。指对父母的衣食之养。

③精：精华。指对父母的精神之奉。

④回：邪。

⑤贞：正。

【译文】

有人说：“以猗顿那样的富有来孝顺父母，不是最好吗！像颜回那样穷，父母就要挨饿了。”

扬子说：“猗顿之类的富人是用他们粗俗的物质孝顺父母，颜回是用他优良的道德孝顺父母；猗顿之类的富人是用他们的邪道孝顺父母，颜回是用他的正道孝顺父母。颜回的孝难道不好吗！颜回的孝难道不好吗！”

或曰：“使我纡朱怀金[1]，其乐不可量已！”

曰：“纡朱怀金者之乐，不如颜氏子之乐。颜氏子之乐也内[2]，纡朱怀金者之乐也外。”

或曰：“请问屡空之内？”

曰：“颜不孔，虽得天下不足以为乐。”

“然亦有苦乎？”

曰：“颜苦孔之卓之至也[3]。”

或人瞿然曰[4]：“兹苦也，祇其所以为乐也与？”

【注释】

①纡朱怀金：抱着系了朱绶的金印，比喻做了大官。

②内：内心，指精神状况。下文的“外”，外物，指物质享受。

③卓：高超。至：极。

④瞿然：惊喜的样子。

【译文】

有人说："如果让我做了大官，抱着系上朱绶的金印，那种快乐真是没法衡量呀！"

扬子说："抱系朱绶金印的人的快乐，不如颜回的快乐。颜回的快乐是内在的快乐，抱系朱绶金印的人的快乐是外在的快乐。"

那人说："请问颜回常常穷得没有办法，还能有什么内在的快乐？"

扬子回答说："颜回如果不能向孔子学习，即使得到整个天下，也不足以使他快乐。"

"那么颜回也有苦恼吗？"

扬子回答说："颜回的苦恼就在于孔子的道德学问高超到了极点，自己永远无法达到那一境界。"

那人惊喜地说："这种苦恼啊，正是颜回之所以能快乐的原因吧？"

曰："有教立道无止——仲尼①，有学术业无止——颜渊②。"

或曰："立道仲尼③，不可为思矣；术业颜渊④，不可为力矣。"

曰："未之思也，孰御焉⑤？"

【注释】

①有教：从事教育。有，为。

②学：学习。术：与"述"通，传述。业：学说和事业。

③立道仲尼：创立学派如孔子。

④术业颜渊：传述师业如颜渊。

⑤孰：谁。御：禁止，阻挡。

【译文】

扬子说："从事教育和创立学说而不断努力，就可以达到孔子那样的境界；从事学习和传播圣人的事业而不断努力，就可以达到颜渊那样的地步。”

有人说:“创立学说要做到像孔子那样，是思想所不能的；传播圣人的事业要做到像颜渊那样，是力量所不能的。”

扬子回答说:“这种说法没经过思考，谁能阻挡你那样做呢?”

二十七、世说新语（节选）

【导读】

《世说新语》是南朝宋刘义庆编写的。刘义庆（403—444）是南朝宋的临川王，宋武帝的侄子，《宋书》记载刘义庆“为性简素，寡嗜欲，爱好文义，才词虽不多，然足为宗室之表”。《世说新语》是一部记录魏晋南北朝时期文人雅士言行轶事的“志人小说”，其中涉及多个那个时代的重要人物。此书的内容也被当作历史资料，后来房玄龄等人组织编写的《晋书》也多参考引用了《世说新语》中的材料。《世说新语》的文学价值也很高，每一段都是短小精悍的散文，描绘传神，意味深远。鲁迅曾评论说“记言则玄远冷俊，记行则高简瑰奇”。

从东汉末年到魏晋时期，社会动荡，政治黑暗不定，是中国历史上最动荡的时期之一，故而思想在这个时代得到了解放。汤用彤认为：“汉末以后，中国政治混乱，国家衰颓，但思想则甚得自由解放。此思想之自由解放本基于人们逃避苦难之要求。故混乱衰颓实与自由解放具因果之关系。”魏晋名士们开始萌发了个体生命的意识，开始崇尚个人的精神气质与高雅的艺术追求。可以说，不读《世说新语》不知何为真正的魏晋风度，甚至不知何谓真正的中国文人。

本篇节选自《德行》《言语》《方正》《雅量》等章，记述了陈蕃、支道林、王献之、王羲之、谢安、郗鉴等人的言行，为魏晋风流的代表。他们散淡、清雅、潇洒等的性格跃然纸上，从中可以了解到魏晋时期的上流社会几代士人狂放不羁、率真洒脱的群像。明胡应麟说：“晋人面目气韵，恍忽生动，而简约玄澹，真致不穷。”

陈仲举言为士则①，行为世范，登车揽辔②，有澄清天下之志③。为豫章太守④，至，便问徐孺子所在⑤，欲先看之。主簿白⑥："群情欲府君先入廨⑦。"陈曰："武王式商容之间⑧，席不暇暖。吾之礼贤，有何不可！"

【注释】

①陈仲举：陈蕃，字仲举，汝南平舆（今河南平舆）人。东汉桓帝时官至太尉，灵帝立，为太傅。为人刚正，是东汉末年有影响的士大夫之一。

②登车揽辔：登上公车，手执缰绳。指赴任做官。辔，驾驭牲口的缰绳。

③有澄清天下之志：使天下政治清明。

④豫章：汉代郡名，治所在今江西南昌。

⑤徐孺子：徐稚，字孺子，豫章（今江西南昌）人。家境贫苦，不满宦官专权，虽多次征聘，终不为官，有"南州高士"之称。

⑥主簿：官名，管文书印信，办理事务。

⑦廨：官署。

⑧武王：西周武王姬发，周王朝的建立者。间：里门，巷口之门，指住处。

【译文】

陈蕃的言谈是士人的准则，行为是世间的典范，登上公车，手执缰绳，怀抱着使天下政治清明的志向。他出任豫章太守时，刚到治所便问名士徐稚在哪里，打算先去拜访他。主簿禀告说："大家都希望府君您先进官署再说。"陈蕃说："周武王即位之后，座席都没坐暖，即刻到商容的住处去拜访致敬。我尊重贤人，有什么不对呢！"

支公好鹤①，住剡东岇山②。有人遗其双鹤③，少时翅长欲飞，支意惜之，乃铩其翮④。鹤轩翥不复能飞⑤，乃反顾翅垂头，

视之如有懊丧意。林曰："既有凌霄之姿，何肯为人作耳目近玩[⑥]？"养令翮成，置使飞去。

【注释】

①支公：支道林。

②岇山：在今浙江嵊州东。

③遗：赠送。

④铩：摧残，伤残。翮：鸟羽的茎状部分。

⑤轩翥：飞举的样子。

⑥近玩：亲近的玩物、宠物。

【译文】

支道林喜爱鹤，住在剡县东面的岇山上。有人送给他一对鹤，不久鹤的翅膀长硬了想要飞走，支道林心里舍不得它们，便剪去它们的翅茎。鹤张开翅膀却不再能飞了，就回过头看着翅膀，垂下头来，看上去好像懊丧的样子。支道林说："它们既然有直上云霄的天资，怎么肯充当人们耳目观赏的玩物呢？"于是把鹤喂养到翅膀长好后，放它们飞翔而去。

太极殿始成[①]，王子敬时为谢公长史[②]，谢送版[③]，使王题之。王有不平色，语信云[④]："可掷著门外。"谢后见王，曰："题之上殿何若？昔魏朝韦诞诸人[⑤]，亦自为也。"王曰："魏祚所以不长[⑥]。"谢以为名言。

【注释】

①太极殿：东晋孝武帝初建成的宫殿。

②王子敬：王献之。谢公：谢安。

③版：指用作匾额的木板。

④信：使者。

⑤韦诞诸人：指魏明帝时的书法家韦诞及东汉灵帝时书法家梁鹄。韦诞曾题凌云台。

⑥祚：指国运。

【译文】

太极殿刚刚建成，当时王献之担任谢安的长史，谢安令人把用作匾额的木板送来，让王献之题字。王献之露出愤愤不平的脸色，对使者说："可以把它扔在门外。"谢安后来见到王献之，说："把匾额挂到正殿去书写怎么样？过去魏朝韦诞等人，也都这样写过。"王献之说："这就是魏朝国运不长的原因。"谢安认为这句话是名言。

郗太傅在京口[①]，遣门生与王丞相书[②]，求女婿。丞相语郗信[③]："君往东厢，任意选之。"门生归，白郗曰："王家诸郎，亦皆可嘉，闻来觅婿，咸自矜持[④]。唯有一郎，在东床上坦腹卧，如不闻。"郗公云："正此好！"访之，乃是逸少[⑤]，因嫁女与焉。

【注释】

①郗太傅：郗鉴。太傅，官名。

②门生：依附于世家豪族供差遣的人。王丞相：王导，做过丞相。

③信：信使，使者，即上文送信的门生。

④矜持：指拘谨，做出端庄严肃的样子。

⑤逸少：王羲之，字逸少，为王导之堂房侄子。

【译文】

郗鉴在京口时，派门生送信给王导，想在王家子侄中找一位女婿。王导对郗鉴的信使说："你到东厢房去，任意挑选一位。"这位门生回去，报告郗鉴说："王家诸位郎君，都值得称道，他们听说找女婿，各自都显得很拘谨。只有一位郎君，在床榻上袒胸裸腹地躺着，好像什么都没听见。"郗鉴说："恰恰是这一位好！"再去打听，原来是王羲之，郗鉴就把女儿嫁给他了。

二十八、原　道

【导读】

韩愈，字退之，河南河阳（今河南孟州）人，是唐代著名的文学家、思想家、政治家，生于768年。自称“郡望昌黎”，故世多称其为“韩昌黎”“昌黎先生”。韩愈病逝于长庆四年（824），谥号为“文”，故也称韩愈为“韩文公”。

韩愈是唐代古文运动的倡导者，他提出“文道合一”“气盛言宜”“务去陈言”“文从字顺”等，被明代朱右选为散文唐宋“八先生”，后又被尊为“唐宋八大家”之首。清人张鹏翮将其与柳宗元、欧阳修、苏轼合称“千古文章四大家”。陈寅恪评价说:“退之者，唐代文化学术史上承先启后转旧为新关捩点之人物也。”所谓“文起八代之衰”，诚不虚也。

《原道》是韩愈的一篇哲学论述的文章。在文章中韩愈提出了儒学才是“道”的本源，而佛教、道教等则破坏了社会秩序、增加了人民负担。文章以历史事实为依据，阐述了尧、舜、禹、周文王、周公、孔子、孟子等圣人继承道统的功绩，又以儒家要求的人生价值为参照，批判道家、佛教的修养论，论证了其对社会的不良影响，以及恢复儒家正统的必要性。宋代朱熹正是在此文的基础之上，正式提出并完善了“道统论”。

博爱之谓仁，行而宜之之谓义，由是而之焉之谓道，足乎己无待于外之谓德。仁与义为定名①，道与德为虚位②。故道有君子小人，而德有凶有吉。老子之小仁义，非毁之也，其见者小也。坐井而观天，曰“天小”者，非天小也。彼以煦煦为仁③，孑孑为义④，其小之也则宜。其所谓道，道其所道，非吾所谓道也；其所谓德，德其所德，非吾所谓德也。凡吾所谓道德云者，合仁与义言之也，天下之公言也。老子之所谓道德云者，去仁与义言之也，一人之私言也。

【注释】

①定名：确定的名称。谓仁义的内容是确定的，只能是好的，不能是坏的。

②虚位：空虚的位置。谓道德的内容是不确定的，可能是好的，也可能是坏的。

③煦煦：小恩小惠。

④孑孑：谨小慎微。

【译文】

广泛地爱一切人叫作仁，实行仁道而合宜叫作义，循此而到达仁义的境界叫作道，自我满足、无须凭借外物安慰叫作德。仁与义是内容具体、意义确定的概念，道与德是内容不具体、意义不确定的名称。因此道有君子之道、小人之道，而德有凶德有吉德。老子藐视仁义，并不是诋毁仁义，而是他的眼界狭小。坐在井里看天，说“天小”，并不是天真的小。他把小恩小惠当作仁，把谨小慎微看成义，那么他藐视仁义是当然的。他所说的道，是将他所认为的道当作道，不是我所说的道；他所说的德，是将他所认为的德当作德，不是我所说的德。凡是我所说的道德，是结合着仁与义而谈论的，是天下的公论。老子所说的道德，是离开了仁与义而谈论的，是他一个人的说法。

周道衰，孔子没[①]，火于秦[②]，黄、老于汉[③]，佛于晋、魏、梁、隋之间。其言道德仁义者，不入于杨[④]，则入于墨[⑤]，不入于老，则入于佛。入于彼，必出于此。入者主之，出者奴之；入者附之，出者污之。噫！后之人其欲闻仁义道德之说，孰从而听之？老者曰[⑥]："孔子，吾师之弟子也。"佛者曰[⑦]："孔子，吾师之弟子也。"为孔子者，习闻其说，乐其诞而自小也，亦曰："吾师亦尝师之云尔。"不惟举之于其口，而又笔之于其书。噫！后之人虽欲闻仁义道德之说，其孰从而求之？甚矣！人之好怪也！不求其端，不讯其末[⑧]，惟怪之欲闻。

【注释】

①没：通"殁"，死。

②火于秦：指秦始皇焚书。

③黄、老：指汉初流行起来以黄帝、老子为祖的学派，称"黄老学派"。

④杨：杨朱，战国时哲学家，主张"轻物重生""为我"，与儒家思想对立。

⑤墨：墨翟，鲁国人，春秋战国之际思想家，主张"兼爱""非攻"。

⑥老者：信奉老子学说的人。

⑦佛者：信奉佛教的人。

⑧讯：问。

【译文】

周道衰微，孔子逝世，秦朝焚毁了儒家的典籍，汉朝盛行黄老之学，佛教流行于晋、魏、梁、隋之间。那些谈论道德仁义的人，不归入杨朱学派，就归入墨翟学派，不归入老子的道家，就归入佛教。归入那家，必然背离这家。归入哪家就尊崇哪家为主，背离哪家就贬抑哪家为奴；归入哪家就附和它，背离哪家就污蔑它。唉！后世之人想要了解仁义道德学说，该依从于谁而听谁呢？崇奉道家老子学说的人说：“孔子，是我们祖师的学生。”崇奉佛教的人说：“孔子，是我们祖师的学生。”信奉孔子学说的人，听惯了那些说法，喜欢听从那些新奇怪诞的说法而妄自菲薄，也说：“我们的祖师也曾经以他们为师呢。”不仅口头上说，而且又写进自己的书里。唉！后世之人即使想了解仁义道德学说，又该去哪里探求它呢？人们喜欢怪诞的言论也太过分了！不探求它的来源，不追究它的结果，只想听那些怪诞的说法。

古之为民者四，今之为民者六[1]，古之教者处其一，今之教者处其三。农之家一，而食粟之家六；工之家一，而用器之家六；贾之家一，而资焉之家六[2]。奈之何民不穷且盗也！

【注释】

①六：士农工商佛老。

②资焉：取资于此。

【译文】

古代作为民众的只有四类，当今的民众却分为六类；古代进行教化的只占其中之一，今天进行教化的却占其中之三。务农的只有一家，而吃粮食的却有六家；做工的只有一家，而使用器具的却有六家；经商的只有一家，而需要商品供应的却有六家。怎么能使百姓不困窘和不偷盗呢！

古之时，人之害多矣。有圣人者立，然后教之以相生相养之道，为之君，为之师。驱其虫蛇禽兽，而处之中土。寒然后为之衣，饥然后为之食。木处而颠，土处而病也，然后为之宫室。为之工以赡其器用[1]，为之贾以通其有无，为之医药以济其夭死，为之葬埋、祭祀以长其恩爱，为之礼以次其先后，为之乐以宣其湮

郁[2]，为之政以率其怠倦[3]，为之刑以锄其强梗。相欺也，为之符玺、斗斛、权衡以信之[4]，相夺也，为之城郭、甲兵以守之。害至而为之备，患生而为之防。今其言曰[5]：“圣人不死，大盗不止；剖斗折衡，而民不争。”呜呼！其亦不思而已矣！如古之无圣人，人之类灭久矣。何也？无羽毛鳞介以居寒热也[6]，无爪牙以争食也。

【注释】

①赡：供应。

②湮郁：心中的积闷。湮，阻塞。

③率：督促。怠：懈。

④符：符节，双方各执一半以为凭信。玺：印信。斛：量器。权：秤砣。衡：秤杆。

⑤今其言曰：语出《庄子·胠箧》。

⑥鳞介：鳞甲。介，甲。

【译文】

古时候，民众遭受的祸害多极了。圣人出世以后，这才把互相供给生活资料、提供生活条件的道理教给民众，做他们的君主，做他们的老师。替他们驱赶那些虫蛇禽兽而让民众安居于中原。天气冷了，于是教他们做衣服以御寒；肚子饿了，于是教他们种庄稼以获食；巢居在树上会坠落，穴居在洞里易生病，于是教他们构建房屋。教他们做工以供给生活器具，教他们经商以互通有无，教他们医药知识以拯救那些短命夭折者；为他们制定埋葬、祭祀的制度以增长人与人之间的恩爱之情；为他们制定礼节以分清尊卑先后的次序；为他们制作音乐以宣泄人们的烦闷；为他们制定政令以督促那些怠惰懒散的人；为他们设立刑法以铲除那些强悍不驯之徒。因为民众互相欺骗，就为他们制作符节、印玺、量器、衡器以作遵守的凭信；因为百姓互相争夺，就为他们设置城郭、甲衣、兵器以供守卫。有灾害将要来临，就给他们做好准备；有祸患即将发生，就给他们做好防范。如今道家那些人说：“假如圣人不死，大盗就不会止息；砸碎量具，折断衡器，民众就不会争夺。”唉！那也只是不加思考而随便一说罢了！如果古代没有圣人，那么人类早已灭绝了。为什么呢？因为人类没有羽毛鳞甲来对付严寒酷暑，也没有利爪尖牙来夺取食物。

是故君者，出令者也；臣者，行君之令而致之民者也；民者，出粟米麻丝、作器皿、通货财以事其上者也。君不出令，则失其所以为君；臣不行君之令而致之民，则失其所以为臣；民不出粟米麻丝、作器皿、通货财以事其上，则诛。今其法曰：“必弃而君臣[1]，去而父子，禁而相生相养之道。”以求其所谓“清净”“寂灭”者。呜呼！其亦幸而出于三代之后[2]，不见黜于禹、汤、文、武、周公、孔子也。其亦不幸而不出于三代之前，不见正于禹、汤、文、武、周公、孔子也。

【注释】

①而：通“尔”，你，你的。

②三代：指夏、商、周三个朝代。

【译文】

因此，君主是发布政令的，臣子是执行君主的政令并且将它们推行给民众的，民众是生产粟米丝麻、制作器皿、流通财货以侍奉居于其上、统治他们的人的。君主不发布政令，就丧失了他做君主的资格；臣子不推行君主之令而将它们实施于民众，就丧失了他做臣子的资格；民众不生产粟米丝麻、制作器皿、流通财货以侍奉在上统治的人，就要受到惩罚。如今佛教的法规说：“必须抛弃你们的君臣之义，舍去你们的父子之亲，禁止你们的相生相养之道。”以追求他们所谓的“清净”“寂灭”的境界。唉！他们也幸亏出现在三代之后，才没有被夏禹、商汤、周文王、周武王、周公、孔子所贬斥；他们也不幸没有出现在三代之前，没有得到夏禹、商汤、周文王、周武王、周公、孔子的教诲和纠正。

帝之也王，其号虽殊，其所以为圣一也。夏葛而冬裘，渴饮而饥食，其事虽殊，其所以为智一也。今其言曰：“曷不为太古之无事[①]？”是亦责冬之裘者曰：“曷不为葛之之易也？”责饥之食者曰：“曷不为饮之之易也？”传曰[②]：“古之欲明明德于天下者，先治其国；欲治其国者，先齐其家；欲齐其家者，先修其身；欲修其身者，先正其心。欲正其心者，先诚其意。”然而古之所谓正心而诚意者，将以有为也。今也欲治其心，而外天下国家，灭其天常[③]，子焉而不父其父，臣焉而不君其君，民焉而不事其事。孔子之作《春秋》也，诸侯用夷礼则夷之[④]，进于中国则中国之[⑤]。经曰：“夷狄之有君，不如诸夏之亡[⑥]。”《诗》曰：“戎狄是膺，荆舒是惩。”[⑦]今也举夷狄之法，而加之先王之教之上，几何其不胥而为夷也！[⑧]

【注释】

①曷不：何不。

②传：解释儒家经典的书籍。

③天常：指天伦，即儒家提倡的君臣、父子等伦理关系。

④夷：这里泛指中原地区之外的少数民族。

⑤中国：指中原地区的各诸侯国。

⑥诸夏：指中原的诸侯国。亡：通“无”。

⑦戎狄是膺，荆舒是惩：引自《诗经·鲁颂·闷官》。戎狄，古代指西北地区的少数民族。膺，攻击。荆舒，古代指东南地区的少数民族。

⑧几何：多少。胥：都。

【译文】

五帝与三王，他们的称号虽然不同，而他们之所以成为圣人的原因是一样的。夏天穿葛布衣裳，冬天穿皮毛衣服，渴了就喝水，饿了就吃饭，这些事情虽然不同，但他们之所以被称为人类智慧的道理是一样的。如今道家的人说："为什么不实行远古时代的无为而治呢?"这也就等于责怪冬天穿皮衣的人说："为什么不过穿葛衣那样简便的生活?"责怪饿了吃饭的人说："为什么不过只喝水那样简易的生活?"《礼记·大学》篇说："古代想要将其光明的德行发扬于天下的，先要治理好他的国家；想要治理好他的国家的，先要整治好他的家庭；想要整治好他的家庭的，先要修养自己的身心；想要修养自己身心的，先要端正他的思想；想要端正其思想的，先要自己具有诚意。"既然这样，古代所谓正心而诚意，都是将要因此而有所作为。现在想要修养自己的身心，却将天下国家置之度外，灭绝天伦，儿子不把自己的父亲当作父亲，臣子不把自己的君主当作君主，民众不做自己该做的事。孔子写作《春秋》时，凡诸侯用夷狄之礼就视之为夷狄；接受中国之礼就视之为中国诸侯。《论语》说："夷狄虽有君主，也不如华夏各国没有君主。"《诗经》说："戎狄应该打击，荆舒应当惩治。"如今，标举夷狄之法，并放在先王政教之上，这不是差不多很快都要变为夷狄了吗?

夫所谓先王之教者，何也?博爱之谓仁，行而宜之之谓义，由是而之焉之谓道，足乎己无待于外之谓德。其文，《诗》《书》《易》《春秋》；其法，礼、乐、刑、政；其民，士、农、工、贾；其位，君臣、父子、师友、宾主、昆弟、夫妇；其服，麻、丝；其居，宫室；其食，粟米、果蔬、鱼肉。其为道易明，而其为教易行也。是故以之为己，则顺而祥；以之为人，则爱而公；以之为心，则和而平；以之为天下国家，无所处而不当。是故生则得其

情[①]，死则尽其常[②]。郊焉而天神假[③]，庙焉而人鬼飨[④]。曰："斯道也，何道也？"曰："斯吾所谓道也，非向所谓老与佛之道也。尧以是传之舜，舜以是传之禹，禹以是传之汤，汤以是传之文、武、周公，文、武、周公传之孔子，孔子传之孟轲，轲之死，不得其传焉。荀与扬也[⑤]，择焉而不精，语焉而不详。由周公而上，上而为君，故其事行；由周公而下，下而为臣，故其说长。"然则如之何而可也？曰："不塞不流，不止不行。人其人，火其书，庐其居，明先王之道以道之，鳏寡孤独废疾者有养也。其亦庶乎其可也。"

【注释】

①得其情：合乎情理。

②尽其常：指按伦常以礼丧葬。

③郊：祭天，郊祀。假：通"格"，到。

④庙：祭祖。飨：通"享"，享用。

⑤荀：荀子，名况，战国末年思想家。扬：扬雄，西汉思想家、文学家。

【译文】

我所说的先王的教化是什么呢？就是广泛地爱一切人叫作仁，实行仁道而合宜叫作义，循此而到达仁义的境界叫作道，自我满足、无须凭借外物安慰叫作德。其文籍是《诗经》《尚书》《周易》《春秋》，其方法是礼仪、音乐、刑法、政治，其民众是士人、农民、工匠、商人，其人伦关系、名分是君臣、父子、师友、宾主、兄弟、夫妇，其衣服是麻布、丝绸，其居处是房屋，其食物是粟米、果蔬、鱼肉。它们作为"道"是明白易懂的，而作为教化是容易施行的。因此，用它修身，则和顺而吉祥；用它对待别人，则恩爱而公正；用它修养身心，则和谐而平静；用它治理天下国家，没有用在哪里而不恰当的。因此，人们活着能够合乎情理地生活，死了就能得到合乎礼法的安葬，祭天就能使天神降临，祭祖就能使祖先的灵魂前来享用。若有人问："这个道，是什么道呢?"回答是："这是我所说的道，不是刚才说的老子与佛教的道。尧将它传给舜，舜将它传给禹，禹将它传给汤，汤将它传给文王、武王、周公，文王、武王、周公传给孔子，孔子传给孟轲；孟轲死后，这个道就没有得到传人。荀况与扬雄，从中吸取过一些东西但不精当，论述过一些但不详备。自周公以上，继承道统的都是居上位做君主的人，所以儒道能够实行；自周公以下，传道统的是处下位为人臣的人，所以其学说得以长久流传。"既然如此，该怎么办才可以传道呢？回答说："不堵塞佛老之道，儒道就不能流传；不禁止佛老之道，儒道就不能推行。让那些僧道还俗为民，将他们的经籍焚毁，把他们的寺庙道观变成民房。阐明先王的儒道来教导他们，使鳏夫、寡妇、孤儿、老人、残疾人都能生活。这样做差不多就可以了。"

二十九、文心雕龙·物色

【导读】

《文心雕龙》是我国历史上第一部系统而完整的文艺理论著作，“体大而虑周”，成书于南齐末年，作者是刘勰。《文心雕龙》全书共五十篇，篇篇独立，却又互相关联。根据其内容，可分为五个部分。第一部分是总论，包括《原道》《征圣》《宗经》《正纬》《辨骚》五篇，被称为“文之枢纽”；第二部分是“文体论”，包含《明诗》到《书记》等二十篇；第三部分是《神思》到《总术》等十九篇，主要论述文章的创作与风格，被称为“创作论”；第四部分是“批评论”，即《时序》到《程器》等五篇；最后一部分是作者附于书末的《序志》，是对全书基本内容的介绍。

《文心雕龙》对南朝齐梁以前的文学创作进行总结，以儒家思想为核心，夹杂佛道思想，总结了齐梁以前的美学成果，对文学创作从美学角度加以评述，并总结了文学创作的主客观条件及规律。《文心雕龙》最重要处在于将文章与“道”相关联，提升了文，也形成中国“文”的大特点。

《物色》篇涉及文学创作的主客观关系，阐述了自然景物对文学创作的影响，总结了创作中描写景物的法则。就本篇来看，“物”指自然界的万物，“色”指自然景物的色相。讨论“物色”，即讨论如何将自然景色形象化。《文心雕龙》认为写文章要“师乎圣”“体乎经”“本乎道”。在描写自然景物时，心要“随物宛转”，物要“与心徘徊”，强调“心物感应”，做到“情以物迁，辞以情发”。

春秋代序，阴阳惨舒[①]，物色之动[②]，心亦摇焉。盖阳气萌而玄驹步[③]，阴律凝而丹鸟羞[④]，微虫犹或入感，四时之动物深矣。若夫珪璋挺其惠心[⑤]，英华秀其清气[⑥]，物色相召，人谁获安？是以献岁发春[⑦]，悦豫之情畅；滔滔孟夏，郁陶之心凝[⑧]；天高气清，阴沉之志远；霰雪无垠[⑨]，矜肃之虑深。岁有其物，物有其容；情以物迁，辞以情发。一叶且或迎意，虫声有足引心，况清风与明月同夜，白日与春林共朝哉！

【注释】

①阴阳惨舒：即“阴惨阳舒”，秋冬阴气肃杀，春夏阳气舒展。

②物色：自然之物的声色容貌。

③阳气萌：指春天到来后阳气开始萌生。玄驹：蚂蚁。步：走，活动。

④阴律：指阴气。古乐有十二律，阳律六，阴律六，用来配十二个月，八月属阴律。丹鸟：螳螂。羞：进食。

⑤珪璋：美玉。挺：挺拔，突出。

⑥秀：开花，此有发出之意。清气：清明的气质。

⑦献岁：进入新的一年。

⑧郁陶：郁闷而心情不畅。

⑨霰：小雪珠。

【译文】

春夏秋冬依次更替，阴沉而寒冷的天气使人感到凄凉，阳和而温暖的天气令人感到舒畅，四季风物景色的变化，使人们的心灵为之摇荡。春天阳气萌生，蚂蚁开始活动，农历八月阴气凝聚，螳螂捕食准备过冬，微小的昆虫都能感受到节气的变化，足见四季的更易对万物的影响是很深的。至于人类，智慧的心灵比美玉更卓出，清明的气质比花朵更清秀，一旦受到自然景物的感召，谁能无动于衷呢？因此，新年春气萌发，情怀欢乐而舒畅；初夏阳气蒸腾，心情烦躁而不畅；清秋天高气爽，情志深长而悠远；冬天大雪纷飞，无边无际，思虑就严肃而深沉。一年四季各有其不同的自然景物，而各种景物又呈现不同的容貌；人的感情随着自然景物的不同而变化，文辞又是由于情感而抒发。一片落叶的飘零，尚且会触动情思，几声秋虫的哀鸣，足以牵引心绪，何况是清风拂面、明月照人的良宵，阳光和煦、光耀春林的清晨呢！

是以《诗》人感物，联类不穷[①]；流连万象之际[②]，沉吟视听之区[③]。写气图貌[④]，既随物以宛转；属采附声[⑤]，亦与心而徘徊。故“灼灼”状桃花之鲜[⑥]，“依依”尽杨柳之貌[⑦]，“杲杲”为出日之容[⑧]，“瀌瀌”拟雨雪之状[⑨]，“喈喈”逐黄鸟之声[⑩]，“喓喓”学草虫之韵[⑪]。“皎日”“嘒星”，一言穷理，“参差”“沃若”，两字连形：并以少总多，情貌无遗矣。虽复思经千载，将何易夺？及《离骚》代兴，触类而长，物貌难尽，故重沓舒状，于是“嵯峨”之类聚[⑫]，“葳蕤”之群积矣[⑬]。及长卿之徒[⑭]，诡势瑰声，模山范水，字必鱼贯，所谓《诗》人丽则而约言，辞人丽淫而繁句也。

【注释】

①联类：联想到类似的事物。

②流连：依恋不舍离去。

③沉吟：低声吟咏。

④气：景物的神态、气势。

⑤属采：属，连缀。采，自然景物的色彩。

⑥灼灼：形容桃花的色彩鲜艳。《诗经·周南·桃夭》：“桃之夭夭，灼灼其华。”

⑦依依：枝条柔软的样子。《诗经·小雅·采薇》：“昔我往矣，杨柳依依。”

⑧杲杲：光明的样子。《诗经·卫风·伯兮》："其雨其雨，杲杲日出。"

⑨瀌瀌：雨雪下得大的样子。《诗经·小雅·角弓》："雨雪瀌瀌。"

⑩喈喈：鸟和鸣声。《诗经·周南·葛覃》："黄鸟于飞，集于灌木，其鸣喈喈。"逐：追摹，表现。

⑪喓喓：虫鸣声。《诗经·召南·草虫》："喓喓草虫。"

⑫嵯峨：山峰高耸险峻的样子。类聚：与下文"群积"均指重叠的复合词越来越多。

⑬葳蕤：花叶茂盛下垂的样子。

⑭长卿：司马相如之字，西汉文人。

【译文】

因此，《诗经》作者在受到自然景物的感召和触动时，就会产生无限的联想和类比；在景象万千的大自然中流连欣赏，对目及耳闻低声吟咏。描写、图摹景物的气势、状貌，既能随着自然景物的变化而委婉尽致；联属、比附景物的色彩声音，也能应合内心的感触而反复斟酌。所以，《诗经》中用"灼灼"来形容桃花色彩的鲜艳，用"依依"来曲尽杨柳披拂的柔姿，用"杲杲"来描绘太阳初升的明亮，用"瀌瀌"来表现大雪纷飞的景象，用"喈喈"来追拟黄鸟唱和的声音，用"喓喓"来模仿草虫吟唱的声韵。用"皎"字来形容太阳的洁白明亮，用"嘒"字表现星星的微小，只用一个字就曲尽了事物的特性，还有用"参差"来形容荇菜的错落不齐，用"沃若"来形容桑叶的润泽鲜嫩，只用两个字就完全描绘出了事物的形貌：这都是以最少的文字来概括丰富的内容，把景物的形貌神情毫无遗漏地表现出来了。即使此后经过文家千百年来的反复思索，又有谁能用什么字将它们更改替换呢？及至《离骚》取代《诗经》而兴起，对景物的描写有了增加，但景物的形貌难以描摹得淋漓尽致，所以就用重叠复合的文辞来展现景物的形貌，于是描摹山势险峻的"嵯峨"这类的词便聚集在一起，刻画草木花叶茂盛下垂之状的

“葳蕤”这类的词便积累得很多了。到了司马相如等人，为追求奇异瑰丽的声势，刻意描摹山水的形貌，必定把形容词用得像鱼群般前引后继。这就是扬雄所说的：《诗经》作者的描写既华丽又符合法度，且用词简约；辞赋家的描写就过分华丽趋于淫侈，且辞句繁多。

至如《雅》咏棠华[①]，“或黄或白”；《骚》述秋兰[②]，“绿叶”“紫茎”。凡摛表五色[③]，贵在时见[④]；凡青黄屡出[⑤]，则繁而不珍。

【注释】

①棠华：即“裳华”，棠棣花。《诗经·小雅·裳裳者华》：“裳裳者华，或黄或白。”

②秋兰：秋天的兰花。《楚辞·九歌·少司命》：“秋兰兮青青，绿叶兮紫茎。”

③摛表：铺饰描绘。五色：指五种本色。

④时见：适时出现。

⑤青黄屡出：指滥用表示色彩的文辞。

【译文】

至于像《小雅》歌咏棠棣之花，说“有的色黄，有的色白”；《离骚》描述秋天的兰花，说“绿色的叶子”“紫色的茎”。凡铺陈描绘色彩的字，贵在适时出现；如果青、黄等色彩字屡见迭出，就显得繁杂而不足珍贵了。

自近代以来[①]，文贵形似，窥情风景之上[②]，钻貌草木之中。吟咏所发，志惟深远；体物为妙[③]，功在密附[④]。故巧言切状，如印之印泥，不加雕削，而曲写毫芥[⑤]。故能瞻言而见貌，即字而知时也。然物有恒姿，而思无定检[⑥]，或率尔造极[⑦]，或精思愈

疏。且《诗》《骚》所标，并据要害，故后进锐笔[8]，怯于争锋[9]。莫不因方以借巧，即势以会奇，善于适要[10]，则虽旧弥新矣。是以四序纷回[11]，而入兴贵闲；物色虽繁，而析辞尚简，使味飘飘而轻举，情晔晔而更新[12]。古来辞人，异代接武[13]，莫不参伍以相变，因革以为功，物色尽而情有余者，晓会通也。若乃山林皋壤[14]，实文思之奥府[15]，略语则阙，详说则繁。然则屈平所以能洞监《风》《骚》之情者[16]，抑亦江山之助乎？

【注释】

①近代：指刘宋时期。

②窥：观察。

③体物：描绘外物。

④密附：贴切，即文字描写与实际形貌相吻合。

⑤曲写：详细写出。

⑥定检：一定的法则。

⑦率尔：随便、不经意的样子。

⑧锐笔：指才思敏锐的作者。

⑨争锋：比高低。

⑩适要：适应变化，抓住要点。

⑪四序：四季。

⑫晔晔：鲜明的样子。

⑬接武：接步，指相继。武，步。

⑭皋壤：水边地。

⑮奥府：比喻深奥的宝库。

⑯洞监：深刻体察。

【译文】

从刘宋以来，文章对景物的描写注重形貌的逼真，深入观察风物景色的情态，细心钻研花草树木的状貌。吟咏诗歌，抒发情感，情志力求幽深高远；描绘景物达到巧妙的程度，其归功于文字贴切。因而，巧妙的言辞要切合景物的状貌，像在密封物件的印泥上盖印一样，不必再加雕琢，却详尽地写出了景物的细微之处。由此，看到这些言辞就见到了景物的形貌，借助这些文字便能知道时节的变化。但是景物各有特定的形姿，而作者行文运思没有一成不变的法式，有的不经意就能写出登峰造极的作品，有的殚精竭虑却跟所写景物的形貌相差很远。而《诗经》《离骚》写景都能抓住景物的突出特征，所以，后代才思敏锐的作者也不敢和它们一争高低。没有谁不是依循《诗经》《离骚》的创作方法，借用其表现技巧，顺着文章的态势来得到新奇，善于恰当抓住要害，那么即使是承袭前人之法，也可以推陈出新。因此，四季虽然不停地运转，而作者感物兴情却贵在心情虚静；风物景色虽然千变万化，但作者遣词造句描写它们应重在简练，让韵味从景物描写中自然流露，使情思表现得鲜明强烈而又格外清新。自古以来的文人，时代虽不同却前后相继，没有谁不是融会古今以求变化，既继承又革新，进而取得功效的，他们之所以能将风物景色描绘得淋漓尽致，情感的流露又饶有余韵，是因为他们通晓融会古今的道理。至于山林川泽等自然景物，实在是引发作者文思的宝库，但文辞简略了就会有所欠缺，写得详细便会烦琐。然而屈原之所以能够深切领会《风》《骚》写景抒情的要领，或许也是得到了山川景物的帮助吧？

赞曰：山沓水匝①，树杂云合。目既往还，心亦吐纳②。春日迟迟③，秋风飒飒④。情往似赠，兴来如答。

【注释】

①匝：环绕。

②吐纳：吸纳，倾吐。

③迟迟：缓慢的样子，指阳光舒暖温和。《诗经·豳风·七月》：“春

日迟迟，采蘩祁祁。”

④飒飒：秋风声。《楚辞·九歌·山鬼》：“风飒飒兮木萧萧。”

【译文】

总之，山峦重叠，流水环绕，绿树丛生，白云聚合。目光既在景物间流连顾盼，内心也就有所感受而要抒发。春阳舒暖柔和，秋风萧瑟凉爽。以情观物，就像给友人临别赠言一样，寄意无穷，感应深切；景物触发感兴，恍如酬答知音一般，文思泉涌，风光无限。

三十、琴　赋

【导读】

《琴赋》是一篇咏物的辞赋，是嵇康的代表作之一。嵇康（224—263），字叔夜，魏晋“竹林七贤”之一，三国时期曹魏思想家、音乐家、文学家。曾为中散大夫，世称嵇中散。嵇康通晓音律，尤爱弹琴，著有名篇《琴赋》《声无哀乐论》等。他主张声音的本质是“和”，和于天地是音乐的最高境界。

嵇康的《琴赋》是辞赋中描写音乐的名篇之一，它对琴的制作、弹奏、感染力等方面进行了形象的描绘。嵇康于琴道造诣精深，在描写琴声的悠扬、节奏的变化、声音的感染力时妙句迭出，精彩纷呈。

在序言里，作者首先表明了自己对音乐的热爱，他认为音乐的作用是“导养神气，宣和情志”，即修身养性、疏通情感、净化心灵。历世才士都为音乐做过赋，但他们“体制风流，莫不相袭”。在描绘音乐上，“称其才干，则以危苦为上；赋其声音，则以悲哀为主；美其感化，则以垂涕为贵”。嵇康认为这些诗赋“丽则丽矣，然未尽其理也”。这也是嵇康作此赋的缘由。要了解音乐，则需要“解音声”；要明白音乐，则需要“达礼乐之情”，尤其是“琴德”的提出，为我国音乐理论所特有。

余少好音声，长而玩之，以为物有盛衰，而此无变；滋味有厌，而此不倦。可以导养神气，宣和情志，处穷独而不闷者，莫近于音声也。是故复之而不足，则吟咏以肆志；吟咏之不足，则寄言以广意。然八音之器[①]，歌舞之象，历世才士并为之赋颂。其体制风流，莫不相袭：称其才干，则以危苦为上；赋其声音，则以悲哀为主；美其感化，则以垂涕为贵。丽则丽矣，然未尽其理也。推其所由，似元不解音声，览其旨趣，亦未达礼乐之情也。众器之中，琴德最优，故缀叙所怀，以为之赋。其辞曰：

【注释】

①八音：指金、石、丝、竹、匏、土、革、木八类乐器。这里总指各类乐器。

【译文】我小时候就喜欢音乐，长大后一直玩味研习。我认为事物有盛有衰，但对音乐的爱好不会改变，美味会有令人腻烦的时候，但这个爱好不会厌倦。音乐可以用来导引精神，调养元气，宣泄感情，中和志操，使处于穷困孤独的人不觉得苦闷，没有比音乐更亲近的了。因此，反复玩味仍然感到不满足，就用吟咏歌唱来抒发心志。吟咏歌唱还不满足，就用言语来阐发思想。然而各种乐器和歌舞的形象，历代文人才子都为它们写过赋颂。但那些文章的体裁风韵，没有不是沿袭前人的：称赞它的材料主干，就认为经受艰难危苦考验的最好；描述它的声音，就以悲哀为主；赞美它的感化，就以流泪为贵。华丽是很华丽了，但是未能完全阐发出它的道理。追究其中的原因，似乎原本就不熟悉音乐；察看文章的旨意，也没有洞悉礼乐的实际情况。众多的乐器之中，琴的德性最为优秀，所以我把心中所想的叙述出来，编写起来，作为一篇琴赋。赋文说：

惟椅梧之所生兮，托峻岳之崇冈。披重壤以诞载兮，参辰极

而高骧[①]。含天地之醇和兮，吸日月之休光。郁纷纭以独茂兮，飞英蕤于昊苍[②]。夕纳景于虞渊兮[③]，旦晞干于九阳。经千载以待价兮[④]，寂神跱而永康。且其山川形势，则盘纡隐深，崔嵬岑岩，亘岭巉岩，岝崿岖嶔，丹崖崄巇，青壁万寻[⑤]。若乃重巘增起，偃蹇云覆[⑥]，邈隆崇以极壮，崛巍巍而特秀，蒸灵液以播云，据神渊而吐溜。

【注释】

①骧：向上举。

②昊苍：苍天。

③虞渊：神话中的日落之处。

④待价：意思是等待识货的知音。

⑤寻：古代长度单位，一寻八尺。

⑥偃蹇：高耸的样子。

【译文】

梧桐生长的地方啊，寄托在崇山峻岭之上。冲破深厚土石而诞生啊，直参北极而挺拔向上。饱含着天地的纯和元气啊，吮吸着日月灿烂的光辉。枝叶繁茂唯我独秀啊，落花飞舞满天。夕阳西下把身影收藏进虞渊啊，日出东方又在九阳把身子晒干。历经千年等待着慧眼相识啊，神情寂静地屹立高山而且安详健康。况且梧桐所处的山川地势回环曲折，幽僻深邃，山岭相连，山岩突出，高高低低，许许多多，红色的山崖凶险万分，青色的陡壁高达万丈。至于重峦叠嶂层层耸起，高高云彩覆盖在上，遥远崇高而极其壮大，巍巍崛起而挺立秀丽，水汽蒸腾而传播行云，凭据深渊而吐泻水流。

尔乃颠波奔突，狂赴争流。触岩觝隈，郁怒彪休[①]，汹涌腾薄，奋沫扬涛，瀄汩澎湃，蛩蟺相纠[②]。放肆大川，济乎中州，安

回徐迈，寂尔长浮。澹乎洋洋，萦抱山丘。详观其区土之所产毓，奥宇之所宝殖，珍怪琅玕，瑶瑾翕赩，丛集累积，奂衍于其侧。若乃春兰被其东，沙棠殖其西，涓子宅其阳[3]，玉醴涌其前，玄云荫其上，翔鸾集其巅，清露润其肤，惠风流其间，竦肃肃以静谧，密微微其清闲。夫所以经营其左右者，固以自然神丽，而足思愿爱乐矣。

【注释】

①彪休：发怒的样子。

②蛩蟺：屈曲盘旋的样子。

③涓子：仙人名。齐国人，喜欢炼丹之术，隐居宕山，相传能呼风唤雨。

【译文】

于是山水翻滚，横冲直撞，狂奔猛走，竞相奔流，触及山崖，碰到山拐，如郁勃的怒气猛烈发作，汹涌翻滚，浪花四溅，波涛飞扬，澎湃激荡，盘旋缠绕。汇入大江狂放无羁，到达中原静静回旋，慢慢向前，无声无息，远远流淌。平静的水面多么宽阔，怀抱着一座座山丘。详细观察它的地区所生产的物品，天下所产的珍宝，珍贵奇怪的琅玕，瑶瑾的玉色鲜艳，聚集累积起来，布满在梧桐周围。至于春兰覆盖在它的东边，沙棠树生长在它的西边，涓子在它南边居住，甘美的泉水在它前面喷涌，黑云遮蔽在它的上空，飞翔的凤凰栖息在它的树头，清露滋润着它的皮肤，和风在树枝间穿流，高耸而肃穆静谧，幽密而寂静清闲。优游生活在它身旁的，本来就因为天然的神采丽质，足以引起人们的思慕欢喜了。

于是遁世之士，荣期绮季之俦，乃相与登飞梁，越幽壑，援琼枝，陟峻崿，以游乎其下。周旋永望，邈若凌飞，邪睨昆仑，俯

阚海湄，指苍梧之迢递，临回江之威夷，悟时俗之多累，仰箕山之余辉，羡斯岳之弘敞，心康恺以忘归[①]。情舒放而远览，接轩辕之遗音，慕老童于騩隅，钦泰容之高吟，顾兹梧而兴虑，思假物以托心。乃斫孙枝，准量所任，至人摅思[②]，制为雅琴。

乃使离子督墨，匠石奋斤，夔襄荐法，般倕骋神[③]，锼会裛厕[④]，朗密调均，华绘雕琢，布藻垂文，错以犀象，籍以翠绿，弦以园客之丝，徽以钟山之玉。爰有龙凤之象，古人之形。伯牙挥手，钟期听声，华容灼爚，发采扬明，何其丽也；伶伦比律，田连操张，进御君子，新声憀亮，何其伟也。

及其初调，则角羽俱起，宫徵相证，参发并趣，上下累应，踸踔磥硌[⑤]。美声将兴，固以和昶，而足耽矣。

【注释】

①康恺：快乐。

②摅：抒发。

③倕：相传为尧时的巧匠。

④锼：雕刻。

⑤磥硌：壮大的样子。

【译文】于是避世隐居的人，荣启期、绮里季之辈，便一起登上凌空的桥梁，越过深谷，攀援着美玉般的树枝，登上了高峻的山崖，游玩在梧桐树下。徘徊流连，久久观望，飘飘然像是凌空而飞，斜视昆仑，俯瞰海边，手指遥远的苍梧，面对迂回曲折的大江，领悟到世俗的牵累太多，景仰许由遗留的光辉，羡慕此山的开阔宽敞，心中快乐，流连忘返。情感舒畅，放眼远眺，想到了黄帝时代流传下的乐曲，仰慕騩山的老童，钦敬泰容嘹亮的吟唱。望着这棵梧桐便产生了制琴的心意，想借器物寄托情思。于是便砍伐侧生的嫩枝，衡量所需用的尺寸，得道之人运用他的智慧，制成雅琴。

于是让离子划正墨线，匠石挥斧，夔和师襄进献方法，鲁班和巧匠倕施展神技，镂刻缠裹镶嵌得天衣无缝，疏密适中，华丽的绘画，精美的雕琢，铺陈文采，交错镶嵌犀牛皮和象牙，用翡翠碧玉装饰琴体，用仙人园客的蚕丝做弦，用昆仑山的美玉制作琴徽。于是琴体上有了龙凤的图案，古人的形象。伯牙挥手弹琴，钟子期听音辨声，华丽的外貌光彩照人，灿烂鲜明，是多么美丽呀！伶伦校定音律，田连弹奏雅琴，奉献给文人雅士，新曲嘹亮，多么宏伟壮观啊！

开始试音时，角、羽二音一起发动，宫、徵二声互相验证。忽而交替发声，忽而一齐弹奏，徽位上下移动，接连和声共鸣；变化多端，突然暴发巨响。美妙的音乐即将兴起，必定会因谐和通畅而使人沉浸其中。

尔乃理正声，奏妙曲，扬《白雪》，发《清角》。纷淋浪以流离，奂淫衍而优渥，粲奕奕而高逝，驰岌岌以相属，沛腾遌而竞趣，翕韡晔而繁缛。状若崇山，又象流波，浩兮汤汤，郁兮峨峨。怫惜烦冤[①]，纡余婆娑，陵纵播逸，霍濩纷葩。检容授节，应变合度。兢名擅业，安轨徐步。洋洋习习，声烈遐布。含显媚以送终，流余响于泰素。

若乃高轩飞观，广厦闲房，冬夜肃清，朗月垂光，新衣翠粲，缨徽流芳。于是器冷弦调，心闲手敏，触攙如志，唯意所拟。初涉《渌水》，中奏《清徵》，雅昶唐尧，终咏《微子》。宽明弘润，优游躇跱，拊弦安歌，新声代起。歌曰：

凌扶摇兮憩瀛洲，要列子兮为好仇。餐沆瀣兮带朝霞[②]，眇翩翩兮薄天游。齐万物兮超自得，委性命兮任去留。激清响以赴会，何弦歌之绸缪。

【注释】

①怫惜：声音郁积不散的样子。

②沆瀣：夜间的水汽。

【译文】于是演习中正的雅乐，弹奏美妙的歌曲，又高扬《白雪》的乐声，发出《清角》的琴音。声音纷纷纭纭，散发开来，繁富厚实，异常优美，光彩明亮在天空中回荡，如马蹄疾驰，节奏急促，或跳跃或连接，竞相争发，会聚一起音色是多么丰富华丽。它表现的形象如同高山，又像流水，浩浩汤汤，巍峨雄伟。声音郁积不散，曲调转折繁杂，声音高扬奔放，如流水而下，似繁花盛开。端正仪容收敛繁乱之音，使它符合节奏，纷繁的变化要符合音乐的发展需要。谨慎对待名望，专心从事业务，按照音乐的规律，使演奏逐步进行下去。乐音丰富而又和谐，声音宏大向四方传播。明媚的声音一直伴随到曲终，余音不绝似在太空回响。

至于在高耸的长廊、如飞的楼观上，在宽广的大厦、幽闲的房间里，冬天肃穆冷清的夜晚，明月洒下光辉，身穿艳丽的衣裳，佩带的香囊发出香气。这时，乐器轻妙，琴弦协调，心情悠闲，手指灵敏，弹奏手法运转如意，能随心所欲演奏乐曲。开始弹奏《渌水》，中间奏起《清徵》，继而是平和的《尧畅逸》，最后又演奏《微子操》。声音宽厚明朗，洪大圆润，优游从容，婉转徘徊，一边抚弦弹奏一边安然歌唱，新的歌曲交替而起。歌词道：

驾着旋风啊来到瀛洲憩息，
邀请列子啊做我理想的伴侣。
吸饮着夜晚的水汽啊披着灿烂的朝霞，
远远地飞翔啊到天宫遨游。
视万物为一体啊超然自得，
听凭命运的安排啊管它去留与进退。
激发清亮的歌声与琴曲协调，
琴音交织着歌声是多么缠绵甜美。

于是曲引向阑，众音将歇，改韵易调，奇弄乃发。扬和颜，攘皓腕，飞纤指以驰骛，纷㗊譶以流漫。若徘徊顾慕，拥郁抑按，盘桓毓养，从容秘玩。闼尔奋逸，风骇云乱，牢落凌厉，布濩半散[①]，丰融披离，斐韡奂烂，英声发越，采采粲粲。或间声错糅，状若诡赴，双美并进，骈驰翼驱。初若将乖，后卒同趣。或曲而不屈，直而不倨。或相凌而不乱，或相离而不殊。或劫掎以慷慨，或怨媿而踌躇。忽飘摇以轻迈，乍留联而扶疏[②]。或参谭繁促，复叠攒仄，从横骆驿，奔遁相逼，拊嗟累赞，间不容息，瑰艳奇伟，殚不可识。

【注释】

①布濩：散布，布满。

②扶疏：四散，分布。

【译文】这时乐曲已近尾声，众音都将停歇，便改换风格，变易曲调，又发出了奇妙之音。仰起和悦的脸，捋起洁白的手腕，飞舞纤细的手指迅疾驰骋，发出纷乱急切的长音。有时在弦上徘徊往复，彼此照应，按压不停，盘桓不前，酝酿感情，从容舒缓地拨弄。突然又奋发而起，风云为之惊骇纷乱，声音忽而稀疏，忽而迅猛，忽而显露，忽而飘散，忽而明亮，忽而灿烂。美妙高昂，丰富多彩。有时掺杂着变音，似乎要走调，正声与变音一同向前，并驾齐驱。初时好像互相违背，后来终于趋向一致。有的曲折而不屈服，刚直而不倨傲；有的相互冲撞而不混乱，有的相互分离而又不断绝，有的突然发出激昂慷慨，有的哀怨娇媚而从容自得。忽然飘飘摇摇而轻盈飞扬，突然委婉不绝向四方散布。有的连续变化，频繁急促，复杂重叠，众音相聚，纵横不断，络绎相连，奔腾相逼，一声紧接一声，使人拍手感叹，频频称赞，简直不容人喘息，它的瑰丽鲜艳、神奇雄伟，简直无法完全领略。

若乃闲舒都雅，洪纤有宜，清和条昶，案衍陆离，穆温柔以怡怿，婉顺叙而委蛇。或乘险投会，邀隙趋危，嚶若离鹍鸣清池，翼若浮鸿翔层崖，纷文斐尾，慊缘离纚，微风余音，靡靡猗猗。或搂擁栎捋，缥缭潎洌[①]，轻行浮弹，明婳瞭慧，疾而不速，留而不滞，翩绵飘邈，微音迅逝。远而听之，若鸾凤和鸣戏云中；迫而察之，若众葩敷荣曜春风。既丰赡以多姿，又善始而令终。嗟姣妙以弘丽，何变态之无穷！

若夫三春之初，丽服以时，乃携友生，以遨以嬉。涉兰圃，登重基，背长林，翳华芝[②]，临清流，赋新诗。嘉鱼龙之逸豫，乐百卉之荣滋，理重华之遗操，慨远慕而长思。

【注释】

①潎洌：波浪摇荡的样子。

②翳：遮蔽。华芝：车盖。

【译文】至于闲静舒展，美妙典雅，洪亮纤细都很适宜，清和舒畅，起伏有致，参差错落，温柔愉悦，婉转逶迤。有的趁着险声而合节，伺隙趋向高险，就像分别的鹍鸟在池塘边嘤嘤和鸣，又像鸿雁在悬崖上展翅飞翔，文采丰富，斐然动人，羽毛下垂，连续不断。如微风中的余音，袅袅娜娜，缠绵不绝。有的用抹、批、击、捋等指法，声音如轻烟缭绕，如水波摇荡，轻轻地滑动，浅浅地弹拨，表现得多么娴静美好，快速而不紧迫，缓慢而不滞重，连绵不绝的声音渐渐远去，细微的声音立即消逝。远处聆听，像鸾凤在天空和鸣；近处细听，像百花在春风里盛开。既丰富多姿，又善始善终。人们赞叹它的美妙和宏丽，怎么会有这么多的无穷变化！

至于初春的时候，按照时令换上美丽的春服，于是偕同友人，遨游玩耍。经过长满兰草的花园，登上重叠的山峦，背靠丰茂的树林，树荫如车盖般遮蔽天顶，面对清澈的溪流，吟咏新作的诗歌。赞美水中游鱼的闲逸快乐，为百草的繁荣茂盛感到欢喜，弹奏虞舜遗留下的乐曲，感叹不绝，思慕不止。

若乃华堂曲宴，密友近宾，兰肴兼御，旨酒清醇，进南荆[1]，发西秦，绍《陵阳》，度《巴人》，变用杂而并起，竦众听而骇神，料殊功而比操，岂笙籥之能伦。

若次其曲引所宜，则《广陵》《止息》《东武》《太山》《飞龙》《鹿鸣》《鹍鸡》《游弦》，更唱迭奏，声若自然，流楚窈窕，惩躁雪烦。下逮谣俗，蔡氏五曲，《王昭》《楚妃》《千里》《别鹤》，犹有一切承间簉乏[2]，亦有可观者焉。

【注释】

①南荆：此指楚乐。古代楚国别称荆。

②一切：权宜。簉：夹杂于其中。

【译文】至于在华丽的厅堂举行私宴，亲朋密友，同时献上佳肴，美酒清洌味厚，奏楚乐、弹秦曲，接着是雅乐《陵阳》，又演奏民歌《巴人》。曲式变化复杂，一齐奏出，众客震惊，心神摇荡。估量它的奇异功效，比较它的品性，哪里是笙籥之类乐器所能匹敌的呢?

如果要把那些乐曲按适宜的次序排列一下，那么是《广陵》《止息》《东武》《太山》《飞龙》《鹿鸣》《鹍鸡》《游弦》，交替演奏，天然而发，流利鲜明而又深邃，能够去除急躁烦懑。其次是民间谣曲，蔡邕的五支乐曲，还有《昭君怨》《楚妃叹》《千里吟》《别鹤操》，仍然可以间或弹奏一下，权且填补古代雅乐之不足，也有值得一听的地方。

然非夫旷远者，不能与之嬉游；非夫渊静者，不能与之闲止；非夫放达者，不能与之无吝；非夫至精者，不能与之析理也。若论其体势，详其风声，器和故响逸，张急故声清，间辽故音庳[1]，

弦长故徽鸣。性洁静以端理，含至德之和平，诚可以感荡心志而发泄幽情矣！是故怀戚者闻之，莫不憯懔惨凄，愀怆伤心，含哀懊咿[2]，不能自禁；其康乐者闻之，则欨愉欢释，抃舞踊溢，留连澜漫，嗢噱终日[3]；若和平者听之，则怡养悦愉，淑穆玄真，恬虚乐古，弃事遗身。是以伯夷以之廉，颜回以之仁，比干以之忠，尾生以之信，惠施以之辩给，万石以之讷慎。其余触类而长，所致非一，同归殊途，或文或质。总中和以统物，咸日用而不失。其感人动物，盖亦弘矣！

【注释】

①庳：低。

②懊咿：内心悲伤。

③嗢噱：乐不自胜的样子。

【译文】然而如果不是心胸宽广的人，不能与琴一起嬉戏游玩；不是深沉安详的人，不能与琴一起闲适相处；不是开朗豁达的人，不能与琴一样无贪无欲；不是极为精明的人，不能和琴一起辨析事理。至于谈论它的形体状态，观察它的教化作用，琴体组合协调所以声音安闲，琴弦绷紧所以声音清越，琴弦间隔远所以弹奏出低下的声音，琴弦长所以有泛音。品性纯洁而头绪不乱，具有平和的最高德性，确实可以感动心志，抒发深情了！因此心怀忧伤的人听到了它，没有谁不痛心畏惧，凄凄惨惨，愁容憔悴，心情悲伤，满含哀戚，哽咽饮泣，无法自制；如果快乐的人听到了，便欢笑开朗，手舞足蹈，恋恋不舍，痛快淋漓，终日喜不自胜；假若心性平和的人听到了，便快乐舒心，闲静淳朴，恬淡虚静，向往古人，抛弃世俗，忘却自我。所以伯夷因为听琴而变得廉洁，颜回因此变得仁爱，比干因此变得忠贞，尾生因此守信，惠施因此善辩，万石君因此谨慎，其余不一而足，触类旁通。琴声带给各人的感受千差万别，但不同的道路到达的归宿一致，或富有文采，或质朴无华。琴声汇集了中和的道德，用来统率万物，日常生活都离不开它。它对人们的感化，也是很宏大的了！

于时也，金石寝声，匏竹屏气；王豹辍讴，狄牙丧味；天吴踊跃于重渊[①]，王乔披云而下坠；舞鸑鷟于庭阶，游女飘焉而来萃。感天地以致和，况蚑行之众类。嘉斯器之懿茂，咏兹文以自慰。永服御而不厌，信古今之所贵。

乱曰[②]：愔愔琴德[③]，不可测兮；体清心远，邈难极兮。良质美手，遇今世兮；纷纶翕响，冠众艺兮。识音者希，孰能珍兮；能尽雅琴，惟至人兮。

【注释】

①天吴：水神。

②乱：辞赋篇末总括全篇要旨的话。

③愔愔：安和的样子。

【译文】这个时候，钟磬之类的乐器停止了声音，笙竽箫管屏声息气。王豹停止了歌唱，狄牙丧失了味觉，天吴在深渊中跳跃，王子乔身披云彩从天而降，让风凰在台阶上起舞，游女飘然而来参加聚会。感动天地使神灵也达到了和谐的境界，何况是芸芸众生呢？赞美这琴的美好品质，吟咏此文感到自我欣慰。永远弹奏也不会厌烦，它的确是古今都十分珍视的宝物。

总结说：安和恬静的琴德，深不可测呀！琴体清雅，品性高远，难以穷尽呀！优良的品质，美妙的手技，今世有幸相遇呀！丰富谐和的声响，胜过了众多的艺术呀！知音稀少，谁能珍视呀！能尽知雅琴之美的，只有得道之人呀！

三十一、画山水序

【导读】

宗炳（375—443），字少文，南阳郡涅阳县（今河南镇平）人。身历东晋、刘宋两朝。据《宋书》所载，宗炳出身于官宦之家，终生未仕，是一位隐士，《宋书》和《南史》中《隐逸传》皆有载。宗炳不仅擅长琴、书、画，还是一位对佛学很有兴趣的研究学者。曾向高僧慧远学习佛法，而且还是一位神不灭论者，著有《明佛论》等。宗炳所写的《画山水序》是中国古代第一篇专论山水画的文章，收录于唐代张彦远的《历代名画记》之中。

《画山水序》对中国绘画理论影响极大，正是从这里开始，中国山水画不是倾向于描摹自然山水，而是和“道”相关联，从而有别于西方的风景画。宗炳的画论具有独有的超前性，对“形而上”和“形而下”有清晰的认识。“神本亡端，栖形感类，理入影迹，诚能妙写，亦诚尽矣”，强调形上形下的结合，对“道”“理”“神”等观念也加以探讨，并涉及具体的绘画技法理论。“竖划三寸，当千仞之高；横墨数尺，体百里之迥”，宗炳率先在其画论中论及关于远近、大小透视的认识，为中国山水画的发展提供理论基础。不仅如此，宗炳还强调画家与自然的取法关系，认为画家要对自然的真山真水亲自感悟，此后便逐渐形成了山水画“师造化”的优秀传统。

圣人含道映物，贤者澄怀味象①。至于山水，质有而趣灵②，是以轩辕、尧、孔、广成、大隗、许由、孤竹之流③，必有崆峒、具茨、藐姑、箕首、大蒙之游焉④。又称仁智之乐焉。夫圣人以神法道，而贤者通；山水以形媚道，而仁者乐，不亦几乎？余眷恋庐、衡，契阔荆、巫，不知老之将至。愧不能凝气怡身，伤跕石门之流⑤。于是画象布色，构兹云岭。

【注释】

①澄怀：抛弃杂念，使心情平静。味象：体味、探究世间万事万物的奇妙之处。

②质：形质，指山水风光的外表。趣：意趣，指山水风光的内涵。

③孤竹：指殷人伯夷、叔齐。二人因不满桀的暴政，隐居于首阳山。后周武王灭殷，两人又不食周粟，绝食而死。后世称为“孤竹君二子”。

④具茨：据《天中记》说，黄帝曾登具茨之山，受《神芝图》于黄芦童子。藐姑：山名，也称“姑射山”，今山西临汾、襄陵、汾城交界处。箕首：箕，箕山，又称“许由山”。首，首阳山，相传为伯夷、叔齐的隐居之地。大蒙：传说中太阳落下的地方。

⑤跕：拖着鞋走路。

【译文】

圣明的人以得道之心，来映射万物的变化；贤能的人纯净胸怀，就能体味到天地之间的种种现象。至于说到大自然的山山水水，不仅形态壮美而且灵趣毕显，这就是轩辕、唐尧、孔子、广成、大隗、许由、孤竹二君等人，必定有游历崆峒、具茨、藐姑、箕首、大蒙诸山的原因。所以又说山水是仁人智者的乐趣所在。圣人以内在的精神来揭示天地自然变化的规律，那么贤能的人就能通晓这一准则；山水以千姿百态的形质来为天地增色，因而仁人智者也就乐在其中，这两种情况，难道不是一样的吗？我一向眷恋着庐山、衡山，在荆山、巫山也逗留了许多时间，年纪却不知不觉就老了起来。惭愧的是我已无法凝聚精力养怡身体，再游名山大川，只能为自己拖着鞋走在石门山小道上而悲哀了。于是，就将自己游历过的名山大川一一描绘下来，染墨敷色，勾画出这些山山水水。

夫理绝于中古之上者，可意求于千载之下。旨微于言象之外者，可心取于书策之内。况乎身所盘桓[①]，目所绸缪[②]，以形写形，以色貌色也。且夫昆仑山之大，瞳子之小，迫目以寸，则其形莫睹；迥以数里[③]，则可围于寸眸。诚由去之稍阔，则其见弥小。今张绡素以远映，则昆阆之形可围于方寸之内。竖划三寸，当千仞之高；横墨数尺，体百里之迥。是以观画图者，徒患类之不巧，不以制小而累其似，此自然之势。如是，则嵩、华之秀，玄牝之灵[④]，皆可得之于一图矣。

【注释】

①盘桓：徘徊逗留的意思。

②绸缪：反复地观察、认识。

③迥：远的意思。

④玄牝：自然界中极小的东西。

【译文】

早已失传的道理，可从千年的传说中找到痕迹。要说明的意旨难以通过语言和形象来表达，可用心地阅读图书典籍来仔细地领会理解。这样的话，何况是自己亲身经历过的，亲眼观察过的呢，无非也就是用形象来表现形象，以色彩画出色彩罢了。就昆仑山的巨大，以及眼睛的微小而言，如果将昆仑山逼近在眼前一寸的地方，那么当然就无法看到它的全部；但如果将它推到数里以外的远处，就可以把山的全景收入眼帘。如果再把山推远一些，那么所见到的就更小了。现在如果张挂起画绡素绢映下远处的山脉，那么昆阆的形状就足以包容在方寸之中。竖的画三寸长，便可以当作千丈高峰；横画的几尺墨线，又可以表示百里之遥。根据这样的道理来看那些作画的人，只是担心他们画得不够出色，却并不担心因为画得小了而影响到形态的失真，这是明摆着的道理。如果是这样的话，那么，无论是嵩山、华岳的壮美，还是自然界极其微小的东西，都可以在一个画面中得到充分的表现。

夫以应目会心为理者，类之成巧，则目亦同应，心亦俱会。应会感神，神超理得。虽复虚求幽岩，何以加焉！又神本亡端，栖形感类，理入影迹，诚能妙写，亦诚尽矣。于是闲居理气，拂觞鸣琴①，披图幽对，坐究四荒②，不违天励之藂，独应无人之野。峰岫峣嶷③，云林森眇，圣贤映于绝代，万趣融其神思。余复何为哉？畅神而已④。神之所畅，孰有先焉？

【注释】

①觞：古人用于饮酒的器具，用青铜或陶制成。

②四荒：四方蛮荒之地。

③岫：山洞、石穴。峣：很高的样子。

④畅神：指在创作中充分发现自己对山水的理解和情感。神，心灵。

【译文】

绘画这门艺术，是以所见和所想为创作依据的，要巧妙地来表现物象，那么就要与所见到的相合，也要与所想到的相应。所见与所想结合而感应神明，也就可以做到超越自然而获得表现天地万物的至理。这样的话，尽管还要再去追求深山幽穴，哪里比得上观看出色的山水画呢！此外，自然的灵妙之处本来就是不可捉摸的，它寄托于有形的山水万物之中，分门别类，又变成无形的画理融于笔端，在画面上表现出来，如果真能巧妙地加以描绘，那么也就能极尽山水的玄妙之处了。于是，我悠闲地住下来，排除了一切杂念，饮酒弹琴，展开图画，悉心思想，安坐山中探究天地四方，既不违背天谴之灾，又独自回应杳无人迹的荒野。周围的山峰高峻凝重，天际的云霞如密林般渺不可寻；圣人贤士的至道辉映万代，天地万机的灵趣融会于我的身心。有了这些，我还要什么呢？唯有敞开胸襟让神思飞扬而已。让神思飞扬，难道还有什么能超过山水的吗？

三十二、九　势

【导读】

《九势》又作《九势八字诀》，东汉蔡邕著。该文论述运笔规则，被收入宋代陈思的《书苑菁华》一书，才得以保存流传至今，在中国书论史上占有重要地位。蔡邕（133—192），东汉文学家、书法家，字伯喈，陈留郡圉县（今河南杞县）人。通经史，喜好数术、天文，妙操音律，擅鼓琴、绘画及辞章，精工篆隶，尤以隶书著称。传为中国书法笔法授受史第一人。

“夫书肇于自然，自然既立，阴阳生焉；阴阳既生，形势出矣。”《九势》开篇便对书法与阴阳之间的关系进行论述，以形而上的“阴阳”化出形而下的“形势”，换言之，阴阳乃是由道生书的关键所在。“形”与“势”有共生关系，“势”依附于“形”之上，根据具体的体势改变“形”的状态。“势”的形成，是依照自然的状态，即“势来不可止，势去不可遏”，阴阳在一字之内相互转换，从而生成“奇怪”的效果。《九势》对结字、运笔都有所总结，虽然主要是针对隶书而言，但是后世出现的楷书、行书、草书也未能脱其范畴，可见此文乃书法理论史扛鼎之作。此一篇小小的短文，将书法与道学紧密地结合在一起，而没有将书法沦为一般的技术层面，在书法理论史上具有重要的地位。

夫书肇于自然[1]，自然既立，阴阳生焉；阴阳既生，形势出矣[2]。藏头护尾，力在字中，下笔用力，肌肤之丽。故曰：势来不可止，势去不可遏，惟笔软则奇怪生焉。

凡落笔结字[3]，上皆覆下，下以承上，使其形势递相映带，无使势背[4]。

转笔[5]，宜左右回顾，无使节目孤露[6]。

藏锋，点画出入之迹，欲左先右，至回左亦尔。

藏头，圆笔属纸，令笔心常在点画中行。

护尾，画点势尽，力收之。

疾势[7]，出于啄磔之中，又在竖笔紧趯之内[8]。

掠笔，在于趱锋峻趯用之[9]。

涩势，在于紧駃战行之法。

横鳞，竖勒之规。

此名九势。得之虽无师授，亦能妙合古人。须翰墨功多，即造妙境耳。

【注释】

①书：书写之法。肇：起始。

②形势：指字形笔势。此处指有形的书迹。

③结字：结构布局。

④势背：字势背逆。

⑤转笔：笔毫之圆转运行。

⑥节目：喻笔势不畅造成的滞阻纠结处。

⑦疾势：迅捷笔势。

⑧竖笔紧趯：书写竖笔后紧接着上挑。

⑨趱：通“攒”，聚集。峻趯：提笔以迅疾出锋。

【译文】

书法发端于自然，自然事物既然体现在书法中，那么就产生了阴阳两极；有了阴阳两极，书法的形体和态势也就形成了。落笔藏锋，收笔逆回，蕴力其中，方能体现字体外形之美。所以说：书法有了态势就不能够停止，态势没有了也不能遏制，毛笔所写的字体实在是变化多端。

凡下笔结构字体，都要使上部覆盖下部，下部承接上部，使字形相照应关联，不要使笔势相背离。

转笔，应使笔毫左右圆转间断又注意相连续，不要使间断处孤立地显露出来。

藏锋，表现在笔画的起笔和收笔的笔迹，笔画欲左行先要右，到笔画运至左尽头亦向右回笔。

藏头，笔毫藏锋后顺势按捺下去，平铺纸上，令笔心常在点画中运行。

护尾，画点笔势尽时，用力回收笔锋。

疾势，出于短撇和波画之中，又在竖画的紧趯之内。

掠笔，在长撇的趱锋和峻趯中用它。

涩势，在于紧张快速的书写之法中。

横画，如去鱼鳞一般，看似平而实不平；竖画，如勒马缰一样，放松中又时时紧勒，这就是横画、竖画的规则。

这些名叫九势。得到它虽无尊师传授，也能与古人相妙合。必须笔墨功夫深厚，就可进入妙境了。